UNIVERSITÉ DE POITIERS
FACULTÉ DE DROIT

DE LA

PRESCRIPTION

DE

L'ACTION CIVILE

EN MATIÈRE PÉNALE

THÈSE POUR LE DOCTORAT

Soutenue le 27 mai 1898
à 3 heures, dans la salle des actes publics de la Faculté

PAR

Ernest LABROUSSE

AVOCAT

LIMOGES
IMPRIMERIE COMMERCIALE PERRETTE
7, Cours Jourdan, 7

1893

DE LA PRESCRIPTION

DE

L'ACTION CIVILE

EN MATIÈRE PÉNALE

FACULTÉ DE DROIT DE POITIERS

MM.

LE COURTOIS (✻, I ✿), Doyen, Professeur de Droit civil.

DUCROCQ (O. ✻, I ✿), Doyen honoraire, Professeur honoraire, Professeur à la Faculté de Droit de Paris, Correspondant de l'Institut.

THÉZARD (I ✿), Doyen honoraire, Professeur de Droit civil, Sénateur.

ARNAULT DE LA MÉNARDIÈRE (I ✿), Professeur de Droit civil.

NORMAND (I ✿), Professeur de Droit criminel, assesseur du Doyen.

PARENTEAU-DUBEUGNON (I ✿), Professeur de Procédure civile.

ARTHUYS (I ✿), Professeur de Droit commercial et chargé du Cours de Droit maritime.

BONNET (I ✿), Professeur de Droit romain, chargé du Cours de Pandectes (Doctorat).

PETIT (I ✿), Professeur de Droit romain, chargé du Cours de Science et Législation financières.

BARRILLEAU, (I ✿) Professeur de Droit administratif et chargé d'un Cours de Droit administratif pour le Doctorat.

N... Professeur d'Economie politique.

SURVILLE (I ✿), Professeur de Droit international public et privé, et chargé d'un Cours de Droit civil.

PRÉVOT-LEYGONIE (A. ✿), Professeur d'Histoire du Droit public (Doctorat), de Principes du Droit public et Droit constitutionnel comparé (Doctorat), chargé du Cours de Droit International public (2º année).

MICHON, Professeur adjoint, chargé du Cours d'Histoire générale du Droit français et Eléments du Droit constitutionnel (1ʳᵉ année), et du Cours d'Histoire du Droit (Doctorat).

CHÉNEAUX, Agrégé, chargé des Cours d'Economie politique (Doctorat), d'Histoire des Doctrines économiques et de Législation et Economie rurales.

GIRAULT (A. ✿), Agrégé, chargé du Cours d'Economie politique et du Cours de Législation et Economie coloniales.

ROCHE (I ✿), Secrétaire.

COULON (I ✿), Secrétaire honoraire.

COMMISSION

Président : M. NORMAND.

Suffragants : { MM. PARENTEAU-DUBEUGNON. MICHON, Professeur adjoint.

UNIVERSITÉ DE POITIERS

FACULTÉ DE DROIT

DE LA

PRESCRIPTION

DE

L'ACTION CIVILE

EN MATIÈRE PÉNALE

THÈSE POUR LE DOCTORAT

Soutenue le 27 mai 1898
à 3 heures, dans la salle des actes publics de la Faculté

PAR

Ernest LABROUSSE

AVOCAT

LIMOGES

IMPRIMERIE COMMERCIALE PERRETTE

7, Cours Jourdan, 7

—

1898

PRESCRIPTION DE L'ACTION CIVILE

EN MATIÈRE PÉNALE

INTRODUCTION

Toute infraction aux lois pénales, troublant nécessairement, mais à des degrés divers, il est vrai, l'ordre social et l'intérêt public, donne naissance à une action publique par laquelle des fonctionnaires spéciaux réclament, au nom de la société lésée, l'application d'une peine. « Tout délit donne essentiellement lieu à une action publique », disait, dans son titre préliminaire, le code du 3 brumaire an IV (art. 4).

En outre, si cette même infraction a causé un préjudice matériel ou moral à un particulier, il en résulte, au profit de ce dernier, contre l'auteur du crime, du délit ou de la contravention, ou contre ses représentants, une action privée, destinée à obtenir la réparation du dommage éprouvé.

Cette action porte le nom d'action civile parce que la partie lésée ne fait valoir, en l'exerçant, qu'un intérêt purement privé, que la pratique a nommé civil, par opposition à l'intérêt public (Faustin Hélie — *Instruction criminelle*, t. 2, p. 182).

Cela posé, l'action publique et l'action civile qui ont une commune origine, savoir : le fait délictueux, diffèrent l'une de l'autre non seulement au point de vue de leur objet, ainsi que nous venons de le voir, mais encore au point de vue des personnes qui peuvent intenter ou contre lesquelles peuvent être intentées ces deux actions.

L'action pour l'application des peines, dirons-nous, en invoquant le Code du 3 brumaire an IV et en modifiant l'art. 1er C. instr. crim., appartient à la société qui en confie l'exercice à des magistrats spéciaux ; l'action civile appartient à toute personne qui a subi un préjudice, à la victime de l'infraction ou à ses représentants, suivant les circonstances.

Tandis que l'action publique ne peut être exercée que contre l'auteur du fait illicite et contre ses complices, l'action de la partie lésée peut encore être dirigée contre les représentants de ces derniers et contre les personnes civilement responsables.

Cette différence, qui dérive de la nature même des deux actions, se comprend sans peine. L'action publique ne tendant qu'à l'application d'une peine, la raison se refuse à punir un autre que le coupable ; l'action civile, au contraire, ayant pour objet l'acquittement d'une dette, grève le patrimoine du coupable, et, à son décès, il est tout naturel que ses héritiers, recueillant les biens, soient aussi tenus des dettes. « *Non sunt bona, nisi deducto aere alieno.* »

Quant aux tribunaux compétents pour statuer sur les deux actions, il faut dire que les juridictions répressives peuvent, seules, juger l'action pénale qui ne peut être portée que devant elles, mais que, par exception, l'action civile exercée contre le coupable lui-même peut leur être déférée lorsqu'elle leur est soumise concurremment avec l'action publique.

En d'autres termes, le législateur a accordé à la partie lésée un droit d'option, en lui permettant d'introduire son action soit devant les juridictions civiles, indépendamment de toute action pénale, soit devant les tribunaux de répression, conjointement à l'action publique.

Que la partie lésée puisse agir devant la juridiction civile, rien de plus naturel : c'est l'application du droit commun puisqu'il s'agit d'une action ayant un caractère essentiellement privé, et en l'absence de la disposition renfermée dans le premier alinéa de l'art. 3 C. instr. crim., les tribunaux civils auraient été seuls compétents pour connaître de l'action civile.

Mais si le législateur a permis, en outre, à la victime d'une infraction de porter son action devant la juridiction criminelle, c'est dans un but d'économie et d'utilité pratique.

Toutefois, il existe des cas où l'action civile doit être nécessairement soumise à la juridiction civile. C'est ainsi que les conseils de guerre et les tribunaux maritimes ne peuvent statuer que sur l'action publique ; il en est de même des conseils de préfecture en ce qui concerne les contraventions de grande voirie.

Quoiqu'il en soit, lorsque la partie lésée exerce son action devant les tribunaux civils avant qu'il ait été statué sur l'action criminelle par la juridiction répressive, il résulte du 2e al. de l'art. 3. C. instr. crim. qu'une distinction doit être faite :

Tant que l'action publique n'est pas mise en mouvement, le tribunal, saisi de l'action civile, statue valablement sur cette demande ; si, au contraire, l'action publique est intentée avant l'action privée portée devant le tribunal civil ou pendant le cours de l'instance introduite devant ce tribunal, l'exercice de l'action civile est alors suspendu jusqu'à ce qu'il ait été statué définitivement sur l'action publique. C'est l'application de l'ancienne maxime : « Le criminel tient le civil en état. » La décision des tribunaux civils ne pourra pas se trouver, ainsi, en contradiction avec la chose jugée au criminel.

En comparant brièvement l'action civile à l'action publique, nous avons constaté que ces deux actions étaient indépendantes l'une de l'autre et que si la première pouvait se rencontrer devant les mêmes juges que l'action pénale, ce n'était qu'accessoirement et conjointement à cette dernière.

Il semblerait donc que, si différentes dans leur cause, leur but et leur objet, l'une et l'autre action obéissent à des règles propres au point de vue de leur extinction ; et cependant, en ce qui concerne la prescription, le législateur leur a assigné les mêmes règles ; l'art. 2 C. inst. crim. dispose, en effet, que l'action publique et l'action civile « s'éteignent par la pres-« cription, ainsi qu'il est réglé au livre II, titre VII, cha-« pitre V de la prescription. »

Et, si nous nous reportons aux art. 637, 638 et 640 du même code, nous restons convaincu que l'action civile est soumise, dans tous les cas, à la même prescription que l'action publique.

En présence de textes aussi clairs, nous comprenons difficilement qu'on tente d'échapper aux conséquences qui en découlent naturellement. Cependant la question de la prescription de l'action civile n'a cessé d'être vivement débattue en doctrine ; la jurisprudence a varié dans ses appréciations et adopté successivement les opinions entre lesquelles se partagent les auteurs, ainsi que nous aurons l'occasion de le voir.

L'extinction de l'action civile par la prescription sera, en effet, l'objet de notre étude : le sujet, plein d'intérêt, a un caractère pratique qui n'échappera à personne.

Après avoir étudié, dans une première partie, l'étendue et la portée de la règle qui assimile l'action civile à l'action publique au point de vue de la prescription, nous examinerons, dans une seconde, la durée des délais fixés pour la prescription ; un appendice sera consacré aux principes applicables en cas de changement de législation.

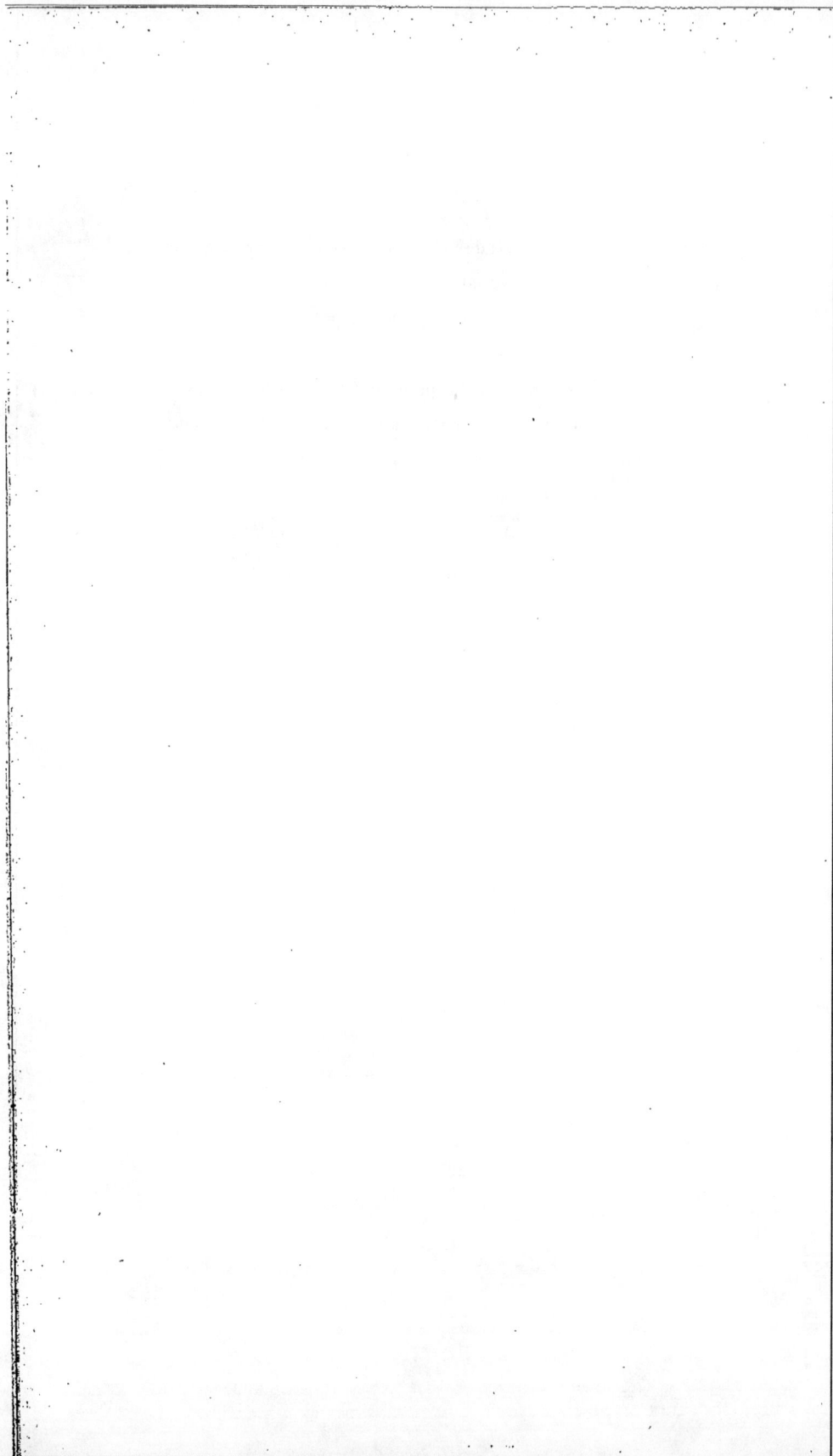

PREMIÈRE PARTIE

Étendue et portée de la règle : « l'action civile se prescrit par le même laps de temps que l'action publique. »

On peut définir la prescription de l'action privée, en matière criminelle, en disant qu'elle est un moyen de se libérer des conséquences civiles d'une infraction par l'effet du temps et sous les conditions déterminées par la loi. Dans le droit pénal, en effet, la prescription est purement libératoire ; elle ne peut être, comme en matière civile, « un moyen d'acquérir. »

Après un certain temps, la loi accorde à l'auteur d'une infraction le droit de n'être poursuivi ni par la société ni par la partie lésée.

A défaut de texte spécial, il eût été tout naturel de laisser la prescription de l'action civile régie par la loi civile ; mais, en présence des art. 637, 638 et 640 C. inst. crim., il faut abandonner complètement la règle générale de l'art. 2262 du Code Civil et associer, au point de vue de la prescription, le sort de l'action civile à celui de l'action publique, ce que l'on exprime par cette formule : L'action civile se prescrit par le même laps de temps que l'action publique.

Du reste, le législateur de 1808 n'a pas édifié, sur ce point, une théorie nouvelle ; bien au contraire, il n'a fait que consacrer une opinion qui avait prévalu, en dernier lieu, dans la pratique du Parlement de Paris et qui, depuis cette époque, a toujours reçu application.

CHAPITRE Ier

Lorsqu'on veut étudier les matières pénales en droit romain, il est une distinction qui s'impose ; c'est celle qui était faite entre les délits privés, *delicta privata*, et les délits publics, *delicta publica*.

Les premiers étaient ceux qui, sans troubler l'ordre social d'une manière directe, portaient atteinte à des intérêts particuliers. Dans ce cas, la partie lésée avait seule le droit d'agir contre le coupable ; l'action était exercée d'après les formes de la procédure civile et aboutissait à une condamnation pécuniaire contre l'auteur du délit, et dont le chiffre variait du double au quadruple du préjudice éprouvé. Bien que l'action ne pût être intentée que devant la juridiction civile, elle était qualifiée d'action pénale parce que la victime du délit obtenait presque toujours un enrichissement et que les héritiers du coupable ne pouvaient être poursuivis.

Quant aux délits publics, ils appartenaient non plus au droit privé, comme les *delicta privata*, mais au droit public interne. Comme leur qualification l'indique, ces délits étaient ceux qui portaient atteinte à l'ordre social ou à l'organisation politique. La répression de ces infractions était poursuivie devant une juridiction spéciale et le droit d'accusation était ouvert à tout citoyen ; pour ce motif, les décisions étaient appelées *crimina* ou *judicia publica*.

L'action civile survivait, dans ce cas, à l'accusation et bien que le crime fût éteint, elle pouvait encore être exercée : « *Nam est constitutum turpia lucra heredibus quoque extor-*

queri licet crimina extinguantur. » (Ulpien. Liv. VII. Dig.
De calumn).

Dans notre ancien droit français, la question de savoir si
l'action civile s'éteignait en même temps que l'action publique
et si la prescription de vingt ans était applicable aux deux
actions, divisait les auteurs et la jurisprudence des Parlements.

Quelques commentateurs pensaient que l'action en réparation du dommage causé par une infraction se prescrivait par
trente années comme toute autre action personnelle : « *Omnes
actiones quae ex crimine descendunt durant usque ad tri-
ginta annos.* » — Julius Clarus (quaest. 51 n° 2), Farinacius
(quaest. 10 n° 34). — Quant à Serpillon (Code criminel, t. I, p.
828), il distinguait entre les restitutions et les autres réparations civiles et motivait son avis en ces termes : « L'accusé a
éteint le crime par une prescription de vingt ans, c'est une
grâce de la loi, mais elle ne l'a pas dispensé, ou ses héritiers,
de la restitution des choses volées ou du paiement du dommage
qu'il a occasionné ; cette action est civile ; elle doit donc,
comme toutes les autres actions civiles, durer trente ans. »

L'état de la jurisprudence des Parlements, sur cette question, nous est révélé par Muyart de Vouglans (*Les lois criminelles de France*, p. 595), qui, après avoir établi que la prescription de vingt ans était généralement admise en France en
matière de crime, s'exprime ainsi : « Pour ce qui concerne
l'effet de cette prescription nous n'avons point là-dessus une
jurisprudence absolument constante ; car nous remarquons
avec Brétonnier (en ses *Questions de droit*, au mot Prescription) qu'il y a des Parlements tels que ceux de Paris, de Toulouse et de Bordeaux qui jugent que cette prescription de

vingt ans a l'effet de décharger, en même temps, et de la peine et des dommages-intérêts ; tandis que d'autres, notamment ceux de Grenoble et de Dijon, jugent au contraire que l'action, pour les dommages-intérêts résultant du crime, dure trente ans. »

L'opinion du Parlement de Paris avait été consacrée par de nombreux arrêts (22 janvier 1600, 10 mai 1666, 6 juillet 1703, etc.) et Jousse rapporte que lors de l'arrêt du Parlement de Paris de l'année 1600, soumettant l'action privée à la même prescription que l'action publique, le premier Président avertit les avocats de ne plus douter de cette règle. (Jousse. — *De la justice criminelle de France*, t. 1, p. 600).

La plupart des criminalistes qui se sont ralliés à cette doctrine se fondent sur le lien intime qui existe entre ces deux actions. (Rousseau de Lacombe. — *Matières criminelles*, p. 170, et Dunod — *Traité des Prescriptions*, partie II, chap. IX). Ce dernier auteur s'exprime ainsi : « Les confiscations, réparations civiles, restitutions et dommages-intérêts qui s'adjugent par manière de peine et qui résultent du crime, se prescrivent avec lui par l'espace de vingt ans parce que ce sont des accessoires qui ne peuvent pas subsister sans leur principal. »

Au temps de Pothier, les divergences n'existent plus, et la question qui nous occupe ne présente plus de difficultés. « C'était une question autrefois, dit cet éminent jurisconsulte (*Procédure criminelle*, p. 408) si la prescription de vingt ans avait lieu à l'égard de la réparation civile ; mais, depuis, on a jugé que la réparation civile étant un accessoire de l'accusation criminelle et ne pouvant être prétendue sans entrer dans la question du crime, elle était sujette à la prescription de vingt ans. »

La loi des 25 septembre — 6 octobre 1791 ne s'occupe nullement de la prescription de l'action civile. Les articles 1 et 2 du
titre VI statuent seulement, en effet, sur le sort de l'action
criminelle pour laquelle le délai de la prescription est singuliè-
rement abrégé et se trouve fixé à trois ans ou à six ans, à partir
du jour où l'existence du crime aura été connue et légalement
constatée, suivant qu'il y a eu ou non dans l'intervalle de trois
ans des poursuites commencées.

Le Code du 3 brumaire an IV résout la question par des
textes très clairs et très précis. Il décide, dans son article 9,
« qu'il ne peut être intenté aucune action publique ni civile,
pour raison d'un délit, après trois années révolues, à partir
du jour où l'existence en a été connue et légalement constatée,
lorsque, dans cet intervalle, il n'a été fait aucune poursuite »,
et dans son article 10, que « si, dans les trois ans, il a été
commencé des poursuites soit criminelles, soit civiles, à raison
d'un délit, l'une et l'autre action durent six ans, même contre
ceux qui ne seraient pas impliqués dans ces poursuites, les
six ans se comptant pareillement du jour où l'existence du
délit a été connue et légalement constatée ».

Ainsi, unité de délai applicable à toutes les infractions (le
mot délit étant employé *lato sensu* comme synonyme d'infraction) assimilation complète de l'action civile à l'action publique
au point de vue de la prescription, tel est le système auquel
s'est arrêté le législateur de l'an IV.

Le Code d'instruction criminelle de 1808, sans reproduire
avec la même netteté, la règle posée dans le Code des délits
et des peines, n'en consacre pas moins le même principe.
Mais, à la différence de la législation intermédiaire il a fait
varier le délai de la prescription suivant que l'on se trouve en

matière criminelle, correctionnelle ou de simple police. De plus, le délai se calcule, d'après les principes de l'ancien droit, à partir du jour de la perpétration de l'infraction et peut être augmenté par des actes d'instruction ou de poursuite, s'il s'agit d'un crime ou d'un délit.

Voici, du reste, comment s'expriment les textes du Code d'instruction criminelle, relatifs à notre matière :

Article 637. « L'action publique et l'action civile résultant d'un crime de nature à entraîner la peine de mort ou des peines afflictives perpétuelles, ou de tout autre crime emportant peine afflictive ou infamante, se prescrit après dix années révolues à compter du jour où le crime aura été commis, si, dans cet intervalle, il n'a été fait aucun acte d'instruction ou de poursuite.

« S'il a été fait, dans cet intervalle, des actes d'instruction ou de poursuite non suivis du jugement, l'action publique et l'action civile ne se prescriront qu'après dix années révolues à compter du dernier acte, à l'égard même des personnes qui ne seraient pas impliquées dans cet acte d'instruction ou de poursuite. »

Article 638. « Dans les deux cas exprimés en l'article précédent, et suivant les distinctions d'époques qui y sont établies, la durée de la prescription sera réduite à trois années, s'il s'agit d'un délit de nature à être puni correctionnellement. »

Article 640. « L'action publique et l'action civile pour une contravention de police seront prescrites après une année révolue, à compter du jour où elle aura été commise, même lorsqu'il y aura eu procès-verbal, saisie, instruction ou poursuite, si, dans cet intervalle, il n'est pas intervenu de condamnation ; s'il y a eu jugement définitif de première instance de nature à être attaqué par la voie de l'appel, l'action publique et l'action civile se prescriront après une année révolue à compter de la notification de l'appel qui en aura été interjeté. »

Il nous paraît impossible de ne pas reconnaître que ces dispositions témoignent la volonté formelle du législateur de subordonner l'action civile à l'action publique, de les unir dans le même sort et d'appliquer dans tous les cas, la même prescription aux deux actions.

Historiquement, donc, la règle que nous avons formulée plus haut, n'est pas nouvelle ; elle doit, certainement, reposer sur des considérations sérieuses, et se justifier scientifiquement. C'est ce que nous allons voir dans le chapitre suivant.

CHAPITRE II

FONDEMENT ET JUSTIFICATION DU SYSTÈME ADMIS PAR LE CODE . D'INSTRUCTION CRIMINELLE

Tout d'abord, nous le reconnaissons, la règle consacrée dans nos lois semble contraire aux principes les plus élémentaires de la logique et de l'équité.

N'est-il pas bizarre, disent les auteurs, que, pour avoir violé tout à la fois la loi pénale et la loi civile, l'auteur d'un fait dommageable se trouve dans une situation plus favorable, au point de vue de la prescription, que s'il avait seulement porté atteinte à des intérêts privés. En effet, tandis que, dans le premier cas, l'action en dommages-intérêts à laquelle il est soumis dure un an, trois ans ou dix ans, suivant que l'acte délictueux est puni par la loi pénale d'une peine de simple police, correctionnelle ou criminelle, elle dure uniformément trente ans dans le second cas (art. 2262 C. C.).

Cette assimilation entre deux droits si distincts, observe Ortolan(*Eléments de Droit pénal*, t. II, n° 1879), amène de singulières conséquences : qu'un homme, par sa faute, en dehors des prévisions de la loi pénale, donne lieu à un incendie qui brûle ma maison, j'ai trente ans pour l'actionner en réparation du préjudice ; qu'il ait mis le feu à cette maison criminellement, je n'ai que dix ans ; qu'il l'ait mis par une faute tombant sous le coup des peines correctionnelles de l'art 458 C. pén., je n'ai plus que trois ans, et s'il s'agit d'un préjudice causé par une contravention, un an dans le délai duquel le jugement doit être rendu.

Notre esprit n'est pas satisfait de voir assujetties à la même prescription deux actions dont le caractère est bien distinct. La durée de l'action en dommages-intérêts est ainsi en raison inverse de la gravité du fait dommageable, car si elle naît d'un simple délit civil ou d'un quasi-délit, elle dure plus longtemps que si elle dérive d'un délit pénal.

Cependant, nous croyons qu'il faut se dégager de cette première impression et que l'assimilation de l'action civile à l'action publique, au point de vue qui nous occupe, s'explique comme une nécessité d'ordre public et d'intérêt social.

« C'est le seul moyen, dit M. Haus (*Principes généraux du droit belge*, t. 2, n° 1320) d'éviter le spectacle affligeant de l'impuissance de la justice pénale, en présence d'un jugement qui déclare le défendeur coupable d'un fait qualifié crime ou délit par la loi, et le condamne, de ce chef, à des dommages-intérêts. »

Il importe de réprimer, en effet, le scandale causé par une déclaration judiciaire de culpabilité en présence de laquelle la juridiction répressive serait réduite au silence. Ne serait-il pas désastreux de voir condamner l'auteur d'un crime à des dommages-intérêts envers sa victime alors que plus de dix ans se sont écoulés depuis la perpétration de l'infraction, et alors que l'impunité lui est assurée. Du reste, l'action publique étant prescrite, l'infraction est effacée et ne doit laisser aucune trace. Bien mieux, l'agent est présumé innocent, parce que la constation du fait incriminé devient désormais impossible. Or, la juridiction civile qui aurait à statuer sur le dommage éprouvé par le demandeur devrait, préalablement, proclamer l'existence de l'infraction et en déduire la nature et le caractère.

« On ne peut obtenir la réparation de l'accusé, dit Muyart de Vouglans (*Institutes au droit criminel*, part. III, ch. IV, p. 92) sans le convaincre de son crime ; on ne peut le convaincre sans se mettre dans la nécessité de le punir. » Dans son *Traité des Prescriptions* (partie II, ch. IX), Dunod expose la même idée : il indique, en effet, que l'opinion qui admettait, dans notre ancien droit, l'extinction simultanée de l'action publique et de l'action civile par vingt années « était fondée sur cette considération qu'on ne peut exercer l'action civile contre l'inculpé sans le convaincre, et qu'il serait absurde de pouvoir prouver le crime sans le punir ; qu'il résulterait une infamie de cette preuve et que ce serait une peine qu'il n'est plus permis d'infliger ; enfin que la prescription de vingt ans faisant présumer l'innocence en matière criminelle, comme celle de trente ans fait présumer le titre et la bonne foi en matière civile, il en résulte une présomption *juris et de jure* qui exclut toute preuve contraire. »

En somme, l'intérêt général commande de ne pas soulever le voile qui recouvre des faits peut-être entièrement oubliés et de ne pas proclamer l'existence d'une infraction que le juge ne pourrait réprimer.

Telle est, pour nous, la principale considération qui a conduit le législateur à soumettre à une même prescription l'action civile et l'action publique.

Mais les auteurs ne s'en tiennent pas là et font valoir d'autres motifs au nombre desquels ils placent le dépérissement de la preuve. Au bout d'un certain temps, les preuves de l'infraction ont le plus souvent disparu ; les témoignages humains sont périssables de leur nature ; il sera assez rare de rencontrer des mémoires assez fidèles pour retracer, après dix ans, par exemple, les détails d'un crime. Il ne faut pas, dans des matières aussi graves, que la sûreté des particuliers et leur honneur dépendent de preuves douteuses ou équivoques. Ce motif, qui a déterminé le législateur à établir un délai assez court pour la prescription de l'action pénale, est applicable aussi à la durée de l'action civile, la preuve des faits d'où elle découle ne reposant le plus souvent que sur des témoignages oraux.

Cependant, en ce qui concerne l'action civile, M. Villey fait remarquer qu'en droit civil, toutes les fois que le créancier n'a pas pu se procurer une preuve par écrit, la preuve testimoniale est admissible pendant trente ans. Les quasi-délits peuvent être prouvés par témoins pendant ce même laps de temps, et cependant un crime laissera dans la mémoire une impression plus profonde et plus durable. (*Revue critique de législation et de jurisprudence 1875*, p. 81 et s.)

On dit encore « que pendant le temps exigé pour la prescription, le coupable a été puni, par les agitations, les troubles intérieurs de sa conscience, les tourments d'une vie incertaine et précaire ; que si, après ce temps, il n'est pas entièrement délivré de cet état de tortures et d'angoisses intérieures, il mérite, du moins, d'être affranchi de la peine légale à laquelle il a été condamné, ou, s'il n'y a pas eu de condamnation, d'être à l'abri de toute poursuite criminelle » (1).

Bien qu'on comprenne difficilement, en raison, que la prescription de l'action publique ait pour fondement les inquiétudes du coupable, on ne peut nier cependant que cette idée

_____

(1) V. Locré, t. 28, p. 182. *Rapport de M. Louvet au corps législatif.*

2

ait été prise en considération par le législateur. Mais cet argument est-il assez puissant pour faire échec aux droits de la victime de l'infraction et pour justifier le court délai établi pour la prescription de son action ? Il est permis d'en douter.

En supposant que la peine infligée ne fût légitime qu'à titre d'acquit d'une dette envers la justice morale, et que les inquiétudes et les angoisses de l'agent puissent être acceptées par équivalent comme expiation suffisante, comment les inquiétudes et les angoisses pourraient-elles être considérées comme moyen de libération d'une dette civile ? Comment les inquiétudes et les angoisses de l'agent pourraient-elles être offertes en paiement à la partie lésée pour laquelle elles ne sont d'aucun profit ? Comment tiendraient-elles la place d'une réparation pécuniaire? (1)

On a fait valoir également qu'il était bon de ne pas perpétuer les causes de haine et de trouble entre les familles, et que l'exercice de l'action civile aurait pour résultat d'exciter l'animosité entre les parties.

Ce motif nous paraît tout à fait insuffisant, car l'action civile, ayant pour but de faire obtenir à la partie lésée la réparation qui lui est due, tend plutôt à l'apaisement qu'à l'irritation.

Enfin, des auteurs cherchent encore à expliquer cette règle de l'assimilation de l'action civile à l'action publique, en disant que le législateur désire, dans un intérêt général, faire de la partie lésée l'auxiliaire du ministère public, et qu'à titre de pénalité, il déclare l'action irrecevable si elle est intentée après la prescription de l'action publique. (2)

(1) V. Bertauld, *Cours de Code pénal*, 2ᵉ éd., p. 548.
(2) V. Ortolan, op. cit. t. 2, nº 1878; — Garraud, *Traité théorique et pratique du droit pénal français*, t. 2, nº 68 ; — Le Sellyer,

Mais, la partie lésée connaît-elle toujours l'auteur de l'infraction qui lui a causé un dommage ? Il peut lui être impossible de recueillir à temps des preuves certaines ; aussi cet argument nous semble-t-il tout à fait secondaire.

En somme, il n'y a que l'intérêt supérieur et d'ordre public que nous avons exposé en premier lieu, qui explique suffisamment les dérogations au droit commun que nous avons constatées.

Si nous jetons maintenant un coup d'œil du côté des législations étrangères, nous observons que certains Etats, notamment l'Allemagne, la Russie et l'Italie, ont répudié le système admis par notre Code d'instruction criminelle.

En Allemagne, le Code pénal du 31 mai 1870 ne s'inquiète nullement de la prescription de l'action privée qui reste soumise aux règles du droit civil ; il prévoit seulement la prescription de l'action publique (V. *Annuaire de législation étrangère 1872*, p. 100).

Le nouveau Code pénal italien promulgué le 1er janvier 1890 ne rattache pas, non plus, l'action civile à l'action publique au point de vue de la durée. L'art. 102 (titre IX. De l'extinction soit de l'action pénale, soit des condamnations) porte, en effet : « L'extinction de l'action pénale ne pourra préjudicier à l'action civile relative aux restitutions et à la réparation des dommages ; il en sera autrement si cette extinction est le résultat du désistement de la partie lésée, à moins que cette dernière ait fait à cet égard des réserves expresses. » Le dernier alinéa se comprend aisément si on le rapproche de l'art. 88 du même code, aux termes duquel le désistement de la partie lésée éteint

Traité de l'exercice et de l'extinction des actions publique et privée, t. 2, n° 539.

l'action pénale en ce qui concerne les infractions qui ne peuvent être poursuivies qu'à sa requête.

En Suisse, chaque canton possède un Code pénal spécial s'inspirant, suivant les localités, soit de la loi française, soit de la loi allemande.

C'est ainsi que le Code pénal du canton de Saint-Gall édicte, par une loi du 21 novembre 1889, en vigueur depuis le 30 décembre de la même année, que « la prescription de l'action civile est indépendante de celle de la poursuite pénale. » (V. *Annuaire de législation étrangère 1890*, p. 703.)

En Belgique, lors de la discussion de la loi du 17 avril 1878, contenant le titre préliminaire du Code de procédure pénale, l'assimilation de l'action civile à l'action publique, quant au délai de la prescription, a été combattue. On avait demandé que l'action civile résultant d'un fait délictueux fût soumise à la même prescription que l'action née d'un fait simplement dommageable, c'est-à-dire à la prescription de trente ans. Mais la commission de la Chambre et le ministre de la Justice se sont prononcés, comme la commission extra-parlementaire, en faveur de la règle des Codes de l'an IV et de 1808.

Nous plaçant désormais en présence des textes du Code d'instruction criminelle, nous allons étudier l'étendue et les limitations de la règle formulée plus haut au sujet de la prescription de l'action civile.

CHAPITRE III

LA PRESCRIPTION DE L'ACTION CIVILE OBÉIT AUX RÈGLES DU DROIT CRIMINEL QUELLE QUE SOIT LA JURIDICTION SAISIE

Nous avons vu que l'action civile pouvait être portée soit devant la juridiction civile indépendamment de l'action pénale, soit devant la juridiction répressive, concurremment avec cette dernière.

Dans ce dernier cas, si l'action publique a été intentée par les magistrats du ministère public, la victime de l'infraction peut former sa demande en dommages-intérêts, devant toutes les juridictions, en prenant de simples conclusions indiquant qu'elle se constitue partie civile.

En matière de délit et de contravention, la partie lésée, en assignant l'auteur de l'infraction devant les tribunaux répressifs, non encore saisis de l'action publique, la mettra indirectement en mouvement.

Lorsqu'il s'agit de crime, en effet, la citation directe par la partie lésée, devant la Cour d'assises, n'est pas admise. Par exception, ce moyen peut être employé dans le cas prévu par l'art. 47 de la loi du 29 juillet 1881 sur la liberté de la presse.

Lorsque l'action privée est intentée devant la juridiction répressive, on est d'accord pour reconnaître que l'action publique étant déclarée prescrite, l'action civile ne peut être accueillie, puisqu'elle est, dans ce cas, subordonnée entièrement à l'action publique. Le tribunal répressif devient incompétent pour statuer sur l'action civile parce qu'il ne peut être valablement saisi de l'action pénale. C'est l'application toute simple de la maxime « *Accessorium sequitur principale* ».

Mais la solution a été contestée pour le cas où l'action civile est portée directement, et indépendamment de toute action criminelle devant la juridiction civile (justices de paix ou tribunaux de première instance, suivant le taux de la demande) ou devant la juridiction commerciale.

Quelques criminalistes (1) ont, en effet, soutenu que la prescription pénale n'était extinctive de l'action civile que lorsqu'elle était portée devant les tribunaux de répression. « Il n'est pas douteux, dit M. Bourguignon, que lorsque l'action publique et l'action civile sont exercées simultanément, elles se prescrivent l'une et l'autre par le même laps de temps et dans les cas déterminés par les art. 637 et 638. Mais lorsque la partie civile exerce, par la voie civile, son action en restitution ou en dommages-intérêts naissant d'un crime ou d'un délit, cette action peut-elle être repoussée par le même genre de prescription ? » et cet auteur conclut en disant que, dans ce dernier cas, l'action civile n est plus soumise aux règles du droit criminel.

Devant les tribunaux civils, dit-on encore, l'action est basée uniquement sur l'art. 1382 C. C. ; elle doit, par conséquent, rester soumise aux règles ordinaires du droit civil pour la prescription des actions personnelles, c'est-à-dire la prescription trentenaire (art. 2262 C. C.) On fait valoir également l'anomalie qui résulte, dans le système contraire, de l'application des principes de la responsabilité. La loi a-t-elle pu permettre que

(1) Bourguignon, *Jurisprudence des codes criminels*, t. 2, n° 539. — Grellet-Dumazeau, *Traité de la diffamation, de l'injure et de l'outrage*, nos 298 et s. — Bertauld, *Cours de Code pénal* (p. 546). Paul Collet, *Revue critique 1868*, t. 33 (p. 1 et s.)

l'auteur d'un délit pénal pût être à l'abri de toutes poursuites après un délai de trois ans, alors que l'auteur d'un simple quasi-délit peut être recherché pendant trente ans ? Nous avons répondu par avance à cette objection en étudiant le fondement de la prescription simultanée des actions publique et civile. Les motifs que nous avons indiqués conservent la même force, quelle que soit la juridiction saisie de l'action de la partie lésée.

Quant à la nature de cette action, elle ne varie pas suivant le tribunal qui est appelé à en connaître. Cependant M. Grellet-Dumazeau (op. cit., n° 826 et s.) a essayé de démontrer que l'action civile portée devant la juridiction civile et l'action civile intentée devant la juridiction répressive sont distinctes, quant à l'objet qu'elles poursuivent et que, dès lors, la prescription doit être différente.

L'action civile exercée devant les tribunaux criminels aurait, suivant cet auteur, un caractère spécial, la partie lésée concourant, dans une certaine mesure, à la répression du délit. La partie qui porte sa demande devant la juridiction répressive aurait un double intérêt et tendrait à un double but : répression du délit pour pourvoir à la sûreté de sa personne et réparation du préjudice occasionné par l'infraction. Sans doute, la réparation pécuniaire serait le seul résultat de ces deux principes d'action, mais l'action ne se composerait pas moins de deux éléments distincts : l'un puisant son existence dans le délit lui-même considéré comme offense à la personne, l'autre essentiellement civil procédant d'un dommage matériel et appréciable. L'action qui comprend ces deux éléments serait l'action civile mixte qui ne peut être exercée que devant la juridiction répressive ; l'autre, dégagée de tout élément pénal, n'ayant pour fondement que le dommage naissant directement

du fait délictueux, serait de la compétence exclusive des tribunaux civils. La première, marchant parallèlement à l'action
publique, serait soumise à la prescription criminelle ; quant à
la seconde, sa durée serait de trente ans lorsque l'action mixte
qui la comprend n'a pas été exercée dans le délai spécial qui
lui a été assigné.

Nous ne pouvons adhérer à cette opinion, ingénieuse, il est
vrai, mais qui se heurte aux textes de la loi, aussi bien qu'à
la tradition.

L'action de la partie lésée avait pour but, dans l'ancien
droit, d'obtenir « les intérêts civils » ou « la réparation civile».
Ces expressions comprenaient toutes les condamnations pécuniaires qui pouvaient être accordées à la victime de l'infraction. « C'est une peine pécuniaire, dit Jousse, (t. I, p. 117), en
parlant des intérêts civils, qui se prononce en matière criminelle, sur la requête d'un offensé, contre celui qui, par un
délit quel qu'il soit, lui a causé quelque préjudice dans sa
personne, ou dans son honneur, ou dans ses biens, soit que
cette action ait été faite de propos délibéré, ou seulement par
imprudence. Les provisions, les dommages-intérêts et les
dépens sont des intérêts civils. » Or, tous ces éléments subsistent lorsque l'action civile est portée devant la juridiction
civile ; son objet n'en est pas moins étendu parce qu'elle est
déférée aux tribunaux, séparément de l'action publique.

Et maintenant, que disent les textes? L'art. 1er. C. instr.
crim. définit l'action civile, l'action en réparation du dommage
causé par un crime, un délit ou une contravention, et l'art.
1382 du Code civil dispose que tout fait quelconque de l'homme
qui cause à autrui un dommage, oblige celui par la faute
duquel il est arrivé à le réparer. Ces dispositions ne sont-elles

pas suffisamment larges pour comprendre, dans leurs termes, l'action prévue par l'art. 1er C. inst. crim. ? Du reste, l'art. 1382 dépend d'un chapitre intitulé : « Des délits et des quasi-délits » ; ce qui prouve, péremptoirement, que l'action en dommages-intérêts qu'il autorise renferme la réparation du préjudice provenant du fait délictueux. Bien loin que l'action de la partie privée exercée en vertu de ce texte dérive de l'action civile pénale et n'en constitue qu'un élément, c'est celle-ci qui puise son existence dans la disposition générale de cet article ; ainsi que le fait remarquer avec raison M. Rauter (*Droit criminel*, n° 133), « c'est la loi civile qui est le fondement principal de l'action civile ; la loi criminelle n'a fait qu'en régler l'emploi d'une manière secondaire. »

Sans doute, déférée à la juridiction pénale, l'action civile met directement en mouvement l'action publique dans certains cas déterminés puisque le ministère public est obligé de prendre des conclusions au nom de l'intérêt social, et lorsqu'elle est soumise aux tribunaux civils, elle ne repose plus que sur l'élément civil ; mais ce qu'il ne faut pas oublier, c'est que cet élément, base de toute réparation pécuniaire, ne peut varier et se modifier suivant la nature de la juridiction saisie.

L'action civile conservant le même caractère devant toutes les juridictions, voyons si l'examen des textes ne nous conduit pas à décider que l'action civile, poursuivie devant les tribunaux civils, se prescrit d'après les règles du droit criminel.

La rédaction de l'art. 10 du Code de brumaire an IV ne pouvait laisser régner aucun doute sur la question. « Après ce terme (celui de la prescription), nul ne peut être recherché, soit au criminel, soit au civil, si, dans l'intervalle, il n'a pas été condamné par défaut ou par contumace. »

Or, est-il possible que le Code d'instruction criminelle qui a fait de larges emprunts au Code de brumaire ait voulu innover sur ce point en s'expliquant aussi mal ? Mais, les articles 637 et suiv. ne font aucune distinction et soumettent de la façon la plus expresse l'action publique et l'action civile à la même prescription.

« Cependant, observe M. Bertauld (op. cit. p. 561), la présomption n'est-elle pas que le Code d'instruction crimi-nelle n'a entendu régir l'action civile qu'en tant qu'elle était déférée aux juridictions pénales, qu'en tant qu'elle était l'accessoire de l'action répressive ? »

On peut répondre péremptoirement que si le législateur avait voulu restreindre l'application des art. 637, 638 et 640 au cas où l'action civile est portée devant les juridictions pénales, il était inutile d'en faire une mention spéciale. Après dix ans, trois ans ou un an depuis le jour de l'infraction, aucune condamnation pénale ne pouvant plus intervenir, n'était-il pas évident que l'action civile ne pouvait plus être portée devant un tribunal répressif dessaisi de l'action prin-cipale ?

Si donc ces mots « action civile » ont un sens dans les art. 637 et suiv., ils n'ont et ne peuvent avoir d'autre sens que celui-ci, savoir : qu'après les délais de la prescription de l'action publique, la partie lésée ne pourra plus obtenir la réparation du préjudice qui lui a été causé, non seulement devant les tribunaux de répression, — cela n'était que trop certain quand bien même les textes auraient été muets sur la question, — mais même devant les tribunaux civils, c'était là le seul point qui eût besoin d'être expliqué.

Ce serait parler un étrange langage, en vérité, pour avertir qu'une action peut être portée pendant trente ans devant les tribunaux civils, que dire, comme dans l'art. 637 : après dix ans, l'action civile est prescrite.

De plus, on ne comprend pas comment une action dérivant du même fait, une infraction à la loi pénale, et poursuivant le même but, la réparation du préjudice causé, pourrait être soumise à deux prescriptions différentes suivant qu'elle serait exercée devant telle ou telle juridiction. Le choix serait vraiment trop facile pour la partie lésée. La nature d'une action ne se détermine pas par la juridiction à laquelle elle est déférée, mais bien par le caractère qui lui est propre. Or, que l'action civile soit intentée devant la juridiction civile ou devant la juridiction criminelle, elle ne change pas de nature. Il semble donc naturel d'admettre que l'action civile, même intentée devant les tribunaux civils, continue d'être réglée par les principes de la prescription criminelle.

De même que les règles du droit civil, pour la preuve des contrats, par exemple, sont applicables devant la juridiction criminelle, de même celles du droit criminel concernant la prescription de l'action civile doivent recevoir leur application devant les tribunaux civils.

L'art. 2 C. inst. crim., porte, sans faire aucune distinction entre les juridictions saisies, que « l'action publique et l'action civile s'éteignent par la prescription, ainsi qu'il est réglé au livre II, titre VII, chapitre V de la prescription ». Il décide, en outre, que l'action civile peut être exercée même contre les représentants du coupable, tandis qu'il en est autrement de l'action publique. Par conséquent, l'action civile dirigée contre les représentants de l'auteur du fait délictueux, s'éteint par la prescription des art. 637, 638 et 640. Or, contre ces personnes, l'action ne peut être portée que devant les tribunaux civils, puisque, les peines étant aujourd'hui personnelles, l'action répressive ne peut réussir contre elles. La nature de la juridiction n'a donc pas d'influence sur la prescription qui reste toujours la même.

On peut invoquer également un argument tiré des dispositions de l'art. 642 C. inst. crim. Cet article déclare, en effet, que les condamnations civiles portées par les arrêts ou par les jugements rendus en matière criminelle, correctionnelle ou de police et devenues irrévocables se prescriront d'après les règles du droit civil. Après avoir si soigneusement distingué la prescription des peines et celle des indemnités, le législateur n'aurait pas manqué de s'expliquer formellement si la prescription criminelle ne s'était pas trouvée applicable à l'action civile exercée séparément de l'action publique.

Enfin, le principe que nous soutenons est tellement certain que le législateur a cru devoir formuler une dérogation expresse dans un cas spécial. L'art. 29 de la loi du 26 mai 1819, aujourd'hui abrogé, après avoir établi que l'action publique contre les crimes et délits commis par la voie de la presse, durait seulement six mois, déclarait que l'action civile ne se prescrirait que par trois ans, à compter du fait de publication. Et il faut remarquer que cet article n'a pu vouloir parler que de l'action civile exercée devant les tribunaux civils, puisque, après le délai de six mois, l'action publique se trouvait éteinte, et la juridiction criminelle incompétente.

Pour toutes ces raisons, nous estimons que l'action privée se prescrit par le même laps de temps que l'action publique, soit qu'on l'intente simultanément avec cette action, soit qu'on la forme séparément, et sans qu'il y ait à distinguer suivant qu'il s'agit d'une infraction prévue par le Code pénal ou par une loi spéciale. Sauf les autorités citées plus haut, la doctrine se prononce en ce sens (1).

Avant 1841, la jurisprudence avait admis le système contraire à celui que nous venons de défendre par des décisions éparses (2) ; mais depuis cette époque, elle est revenue aux vrais principes et consacre l'opinion des auteurs (3). « Attendu, porte un arrêt de la Cour de Nîmes du 19 décembre 1864 (S. 65-2-46) qu'un fait ne change pas de caractère selon la juridiction qui doit l'apprécier et que ce n'est pas la nature de la juridiction, mais la nature de l'action, qui détermine la prescription à appliquer ; que les expressions des art. 2 et 3 C. instr. crim. sont générales et prévoient formellement la double hypothèse où l'action civile est poursuivie soit devant les mêmes juges que l'action publique, soit séparément, c'est-à-dire devant la juridiction civile et qu'elles déclarent que l'une et l'autre s'éteignent par la prescription criminelle ;

(1) Brun de Villeret. *Traité théorique et pratique de la prescription en matière criminelle*, n° 334. — Sourdat, *Responsabilité*, t. I, n° 378. — Garraud, t. 2, n° 68. — Villey, *Précis*, p. 264. — Normand, *Traité élémentaire de droit criminel*, n° 934.

(2) Cass. 17 décembre 1839 (S. 40-1-454). Riom, 28 juin 1841 (S. 41-2-587).

(3) V. notamment Cass. 3 août 1841 (S. 41-1-753) ; 29 avril 1846 (S. 46-1-413) ; 14 mars 1853 (S. 53-1-342) ; Paris, 5 mai 1860 (S. 60-2-405) ; Nîmes, 19 décembre 1864 (S. 65-2-46) ; Cass. 1er mai 1876 (D. 76-1-400) ; Nancy, 14 décembre 1883 (S. 84-2-157) ; Cass. 21 déc. 1885 (D. 86-1-317) ; Bordeaux, 16 avril 1886 (S. 88-2-10) ; Lyon, 30 juin 1887 (S. 89-2-65) ; Cass. 16 déc. 1889 (S. 91-1-108) ; Grenoble, 26 nov. 1892 (D. 93-2-270) ; Alger, 25 oct. 1893 (S. 94-2-13) ; Cass. 6 avril 1898 (*Gaz. du Palais*, n° du 23 avril 1898) et les renvois.

qu'il suit de là que ce n'est pas dans le Code Napoléon mais exclusivement, et pour tous les cas, dans le Code d'instruction criminelle qu'il faut rechercher les règles applicables à l'extinction par la prescription de l'action en dommages-intérêts ayant pour objet la réparation d'un préjudice causé par un délit. »

En ce qui concerne les crimes et les délits dont la connaissance appartient aux conseils de guerre, on a cependant soutenu que l'action, en réparation du dommage causé par un crime ou délit de la compétence de la juridiction militaire, était soumise à la prescription trentenaire et non plus à la prescription criminelle. (1)

Aux termes de l'art. 54 C. just. milit., l'action civile, en réparation du dommage causé par un crime ou délit militaire, ne peut être poursuivie que devant les tribunaux civils. Elle échappe donc aux règles de compétence de droit commun d'après lesquelles l'action civile peut être portée soit devant le tribunal de répression, accessoirement à l'action publique, soit, séparément de l'action publique, devant les tribunaux civils. De cette différence de traitement au point de vue de la compétence, M. Molinier en a conclu que l'action, en réparation du dommage causé par un délit déféré à la juridiction militaire, échappe à l'application du principe d'après lequel l'action civile, même exercée séparément devant la juridiction civile, se prescrit par le même laps de temps que l'action publique. C'est ce qui résulte, d'après lui, des termes de l'al. 1er de l'art. 184 C. just. milit. qui est ainsi conçu : « Les dispositions du chapitre V

---

(1) V. Molinier, *Etudes juridiques et pratiques sur le nouveau Code de justice militaire*, p. 96 et s. — Garraud, *Précis de droit criminel*, no 429, note 1. — Dalloz, Suppl., Vo *Prescription criminelle*, no 53.

« du titre VII, du livre II, du Code d'instruction criminelle
« relatives à la prescription, sont applicables à l'action publique
« résultant d'un crime ou d'un délit de la compétence des
« juridictions militaires, ainsi qu'aux peines résultant des juge-
« ments rendus par ces tribunaux. » Cette rédaction limitant
expressément à l'action publique l'application de la prescription
du Code d'instruction criminelle qu'elle n'étend pas à l'action
civile, toujours portée devant les tribunaux civils dans le cas
qui nous occupe, on en tire cette conséquence que l'action
privée, dérivant des faits qui rentrent dans les attributions du
conseil de guerre, reste soumise à la prescription trentenaire
qui constitue le droit commun en matière civile (art. 2262 C.
C.). Si les rédacteurs du Code de justice militaire n'avaient pas
eu cette intention, n'auraient-ils pas déclaré, d'une manière
générale, que les dispositions du Code d'instruction criminelle,
relative à la prescription, seraient applicables aux crimes et
aux délits de la compétence des tribunaux militaires ? Si, donc,
la partie civile ne jouit pas, par rapport à ces infractions, de
l'avantage de pouvoir intervenir devant la juridiction répressive, pour adjoindre sa poursuite à celle du ministère public et
pour y former sa demande en dommages-intérêts, elle conservera, du moins, le bénéfice plein et entier de la loi civile et
elle pourra réclamer, pendant trente ans, la réparation du
préjudice qu'elle a éprouvé.

Nous pensons, au contraire, que, dans l'hypothèse que nous
prévoyons, il n'y a pas exception au principe d'après lequel
l'action privée, intentée devant les tribunaux civils, se prescrit
par le même temps que l'action publique.

En effet, quelle que soit la nature de l'infraction qui donne
ouverture à l'action civile, quelle que soit la juridiction répres-

sive qui doive statuer sur cette infraction, que la connaissance en soit déférée aux juridictions répressives de droit commun ou à une juridiction d'exception telle que le conseil de guerre, les considérations que nous avons fait valoir pour justifier la solidarité étroite établie par le législateur entre l'action civile et l'action publique, au point de vue de leur durée, conservent toute leur force.

Puis, est-ce que l'intention contraire résulte aussi manifestement des textes qu'on veut bien le dire ?

On invoque l'art. 184 C. just. milit. ; mais cette disposition, si on la rapproche de l'art. 54 du même code dont elle ne doit pas être séparée, n'a pas la portée qu'on lui attribue. Si l'art. 184 ne parle que de la prescription de l'action publique, c'est uniquement parce qu'il n'avait pas à se préoccuper de la prescription d'une action qui ne peut être soumise aux conseils de guerre, aux termes de l'art. 54. Le silence de l'art. 184 n'a donc d'autre effet que de laisser la prescription de l'action civile, naissant des infractions déférées aux tribunaux militaires, sous l'empire du droit commun, c'est-à-dire sous l'empire de la règle qui forme le titre de ce chapitre.

Il faut remarquer, du reste, que la question que nous venons d'examiner ne s'élève que lorsqu'il s'agit d'infractions soumises à la juridiction militaire ; même dans l'opinion que nous avons combattue, on reconnaît, en effet, que si un crime ou un délit militaire est de la compétence de la juridiction répressive ordinaire (art. 76 C. just. milit.) l'action civile se prescrit par le même laps de temps que l'action publique (Molinier, op. cit., p. 98).

Mais l'action civile que la loi soumet à la prescription criminelle est l'action qui découle directement d'un fait qualifié crime, délit ou contravention par les lois pénales. Toute autre action qui ne tirerait pas son origine d'une infraction à ces lois, ne serait soumise qu'à la prescription édictée par le Code civil. Nous sommes ainsi conduit à examiner les véritables caractères de l'action civile.

CHAPITRE IV

CARACTÈRES DE L'ACTION CIVILE

Deux conditions sont nécessaires pour donner naissance à l'action civile proprement dite, telle qu'est définie par l'art. 1er C. inst. crim. : en premier lieu, il faut que le fait d'où elle dérive constitue une infraction, et ensuite il faut que cette infraction ait causé un dommage, matériel ou moral, peu importe, dont on réclame réparation.

On appelle cependant encore improprement « action civile » l'action en dommages-intérêts tendant à obtenir la réparation du préjudice causé par un délit civil ou un quasi-délit.

Il importe de ne pas confondre ces deux actions, car grandes sont les différences qui les séparent :

1° L'action civile proprement dite ne peut naître que d'une infraction à la loi pénale ; l'action en dommages-intérêts sanctionne un délit civil ou un quasi-délit ;

2° L'action civile peut être intentée, au choix de la partie lésée, soit devant les tribunaux répressifs concurremment avec l'action publique, soit devant les tribunaux civils ; l'action en dommages-intérêts ne peut être portée que devant la juridiction civile ou commerciale ;

3° L'action civile se prescrit par un laps de temps variable qui est tantôt de dix ans, tantôt de trois ans, tantôt d'une année, suivant qu'il s'agit d'un crime, d'un délit ou d'une contravention ;

4° L'action en dommages-intérêts ne se prescrit que par

trente ans, par application du droit commun, que consacre l'art. 2262 C. C.

5° La condamnation à des réparations civiles qu'entraîne l'action civile est sanctionnée par la contrainte par corps qui, supprimée en matière civile par la loi du 22 juillet 1867, ne sanctionne plus une condamnation à des dommages-intérêts prononcée pour un délit civil ou un quasi-délit.

6° La solidarité proprement dite n'est encourue, aux termes de l'art. 55 C. pén. que par ceux qui ont été condamnés à l'amende, à des restitutions, dommages-intérêts ou aux frais en matière de crime et de délit, tandis que nous pensons, bien que ce point soit controversé, qu'à la suite d'une action en dommages-intérêts, une condamnation *in solidum*, mais non pas solidaire peut être prononcée contre ceux qui ont participé à un délit civil ou quasi-délit, s'il est impossible de déterminer la part de responsabilité de chacun d'eux (1).

Nous occupant désormais de l'action civile proprement dite, nous déterminerons successivement l'étendue et les limites du système qui assimile l'action civile à l'action publique au point de vue de la prescription.

————

SECTION Iʳᵉ

*Étendue du principe de l'assimilation de l'action civile
à l'action publique*

Les actions soumises aux règles de la prescription criminelle sont toutes celles qui ont pour objet la réparation du préjudice causé par une infraction, ainsi que nous l'avons

(1) V. Normand, *Traité*, n° 778.

déjà dit. Mais peu importe la qualification donnée, par le demandeur, aux faits générateurs de l'action, dans l'exploit introductif d'instance. Les juges ont le droit et le devoir de rechercher le véritable caractère de l'action portée devant eux afin d'en tirer les conséquences qui en résultent. « Attendu, dit la Cour de cassation dans un arrêt du 7 mars 1877 (Dalloz, *Supplément*, V°. Prescription, p. 211) que c'est au juge qu'il appartient de déterminer, sous le contrôle de la Cour de cassation, indépendamment de la qualification donnée et des textes invoqués par le demandeur, le caractère légal des faits servant de base à l'action et, par suite, la prescription qui y est opposable ».

En vérité, le procédé serait trop simple et réduirait à l'état de lettre morte le texte des art. 637 et suiv., C. inst. crim., si le défendeur ne pouvait rétablir la nature des faits qu'on lui impute et exciper de l'existence d'une infraction pour arriver à se prévaloir de la prescription criminelle.

C'est en vain qu'on lui opposerait la maxime : « *Nemo auditur turpidutinen suam allegans* » car, en rétablissant la qualification légale des faits qu'on lui impute, le défendeur n'en reconnaît pas nécessairement l'existence. Il se borne à soutenir que ces faits, à les supposer prouvés, constitueraient une infraction aux lois pénales et que l'action serait prescrite.

Et en vertu de l'adage : « le juge de l'action est juge de l'exception », le tribunal civil est compétent pour déterminer la nature des faits, afin de savoir quelle prescription doit être appliquée ; avant de déclarer éteinte l'action civile portée devant lui, le tribunal civil doit se décider en connaissance de cause : il est donc de toute nécessité qu'il se réfère au droit pénal pour examiner la question qui lui est soumise. Il a été jugé dans ce sens, que la juridiction civile peut qualifier librement les faits servant de base à l'action privée qui lui est déférée séparément de l'action publique lorsque celle-ci n'a pas été exercée ou ne peut plus l'être par suite du décès du coupable.

S'il en était autrement, la victime d'un délit pourrait ainsi demander la réparation du fait matériel seul en laissant de côté tout ce qui pourrait lui imprimer la qualification d'un acte délictueux ; par suite, toutes les actions civiles pourraient se convertir en actions ordinaires et échapper ainsi à la prescription plus courte qu'a édictée le législateur (1).

La jurisprudence se prononce en faveur de cette opinion. C'est ainsi qu'il a été décidé que la demande en dommages-intérêts introduite devant le tribunal civil et fondée sur le préjudice causé par un fait constitutif du délit de diffamation, ne change pas de caractère par suite du dépôt de nouvelles conclusions motivant l'allocation de dommages-intérêts sur l'application de l'art. 1382 C. C. et que l'action n'en est pas moins soumise à la prescription de trois mois établie par la loi du 29 juillet 1881 (2).

Du moment que tous les éléments constitutifs de l'infraction se retrouvent dans la demande, quand bien même le mot juridique ne serait pas prononcé, le défendeur pourra donc soutenir que l'action n'est pas recevable, car l'on ne peut faire indirectement ce qu'il est défendu de faire d'une manière directe.

Cependant un auteur (Cousturier, *Traité de la prescription*

(1) V. Garraud, t. 2, n° 69 ; — Haus, n° 1430 et s. ; — Demolombe, *Traité des contrats*, t. 8, n° 704.

(2) Nancy, 14 déc. 1883, S. 84-2-157. — Paris, 20 mars 1885, D. 85-2-264.

en matière pénale, n° 77) a soutenu que « lorsque le demandeur ne fonde pas sa demande sur l'articulation d'un crime ou
d'un délit, le défendeur, en thèse générale, ne doit pas être
admis à prétendre que le fait qui sert de fondement à l'action
constitue un crime ou un délit, et il ne doit pas être admis à
une pareille preuve alors même que le fait aurait les apparen-
ces d'un fait criminel. »

Il est vrai que pour corriger ce que sa doctrine paraît avoir
de trop absolu, ce criminaliste fait ensuite des distinctions que
nous ne pouvons accepter ; car, si la criminalité du fait était
notoire ou si ce fait constituait une de ces infractions maté-
rielles que la loi punit indépendamment de toute action coupable de la part de l'agent, comme, par exemple, des blessures
occasionnées par imprudence ou maladresse, l'allégation du
défendeur devrait être examinée sérieusement et « les juges,
continue M. Cousturier, manqueraient à leur premier devoir
s'ils fermaient les yeux à l'évidence et acceptaient la qualification fausse et intéressée que le demandeur n'aurait donnée au
fait qu'afin d'éluder les prescriptions de la loi et d'échapper
aux conséquences de sa négligence. »

Ces concessions ne sauraient être admises, nous ne comprenons pas le motif qui pourrait limiter l'application de la
maxime : *Nemo auditur...*, à certains cas spéciaux. Bien
mieux, nous verrons plus loin que les juges devraient suppléer
d'office le moyen de prescription qui ne serait pas opposé ; il
faut donc leur donner le droit de qualifier eux-mêmes les faits
d'où découle la demande.

Quoiqu'il en soit, il n'est pas toujours facile de distinguer si
l'action soumise aux tribunaux est fondée sur un délit pénal,
sur un délit civil, ou un quasi-délit, et cependant grande sera

la différence au point de vue de la prescription, selon que l'on adoptera telle ou telle solution.

La difficulté se présente fréquemment dans la pratique, au cas où un ouvrier engage contre son patron une action en responsabilité et en dommages-intérêts à raison d'un accident survenu dans le cours de son travail.

Le plus souvent, les faits articulés à l'appui de la demande seront caractéristiques du délit de blessures par imprudence (art. 320 C. pén.), l'ouvrier réclamera une indemnité en se basant, par exemple, sur le mauvais état de la machine employée, le danger que présentait le travail à lui confié, ou sur un défaut de surveillance.

Or, le délit de coups et blessures prévu par l'art. 320 C. pén. ne comporte pas l'intention coupable, nécessaire, en général, pour constituer un délit, cette intention consistant dans le fait d'avoir conscience d'accomplir volontairement l'acte qualifié délictueux et de contrevenir ainsi librement à ce que la loi ordonne ou défend.

Il suffit qu'il y ait eu maladresse, imprudence, inattention, négligence ou inobservation des règlements (art. 319 C. pén.) pour qu'une peine puisse être appliquée.

Il semble bien que cette énumération de la loi pénale, qui peut être rapprochée de l'art. 1383 C. C., comprend toutes les circonstances qui peuvent constituer une faute de la part de l'agent. Par conséquent, dès qu'un ouvrier a été victime d'un accident dû à l'imprudence ou à la négligence de son patron, la mise en mouvement de l'action publique étant possible dans ce cas, la prescription triennale de l'art. 638 C. inst. crim. doit être appliquée à l'action en dommages-intérêts intentée devant les tribunaux civils, car l'action naît alors d'un fait délictueux (1).

Cependant, si l'action est fondée, non plus sur le délit prévu par les art. 319 et 320 C. pén., mais sur l'art. 1382 du Code civil, c'est-à-dire sur une simple faute du patron, sur un quasi-délit, l'action est soumise à la prescription de trente ans, à la prescription civile (2).

Ces deux manières différentes d'envisager la demande en dommages-intérêts justifient la jurisprudence qui déclare que la question de savoir si l'action de l'ouvrier est fondée sur l'art. 1382 C. C., ou sur les art. 319 et 320 C. pén., est une question de fait à résoudre par les juges du fond (3) ; ceux-ci décideront, d'après les circonstances de la cause et la gravité de l'imprudence alléguée, si cette imprudence constitue un délit punissable d'une peine correctionnelle ou une simple faute ne donnant ouverture qu'à une action en dommages-intérêts soumise à la prescription de l'art. 2262 C. C.

La loi récente du 10 avril 1898, qui porte le titre de « Loi concernant les responsabilités des accidents dont les ouvriers sont victimes dans leur travail », assigne une action spéciale à l'action en dommages-intérêts à intenter contre les chefs d'entreprise (4).

(1) Cass. 1er fév. 1882, (S. 83-1-155) ; 19 oct. 1885 (S. 86-1-128); 4 août 1886 (S. 87-1-169).

(2) Paris, 29 mars 1883, D. 84-2-89 ; Besançon, 17 février 1884, D. 85-2-224 ; Poitiers, 27 mai 1890, D. 91-2-167).

(3) V. cass. 15 avril 1889, D. 90-1-136.

(4) Cette loi ne sera applicable que trois mois après la publication officielle des décrets d'administration publique qui doivent en régler l'exécution (art. 33).

En effet, d'après l'art. 18, l'action en indemnité qu'elle prévoit se prescrit par un an à compter de l'accident.

Et il est bon de remarquer que les ouvriers et employés, désignés à l'art. 1ᵉʳ de cette loi, ne peuvent se prévaloir à raison des accidents dont ils sont victimes dans leur travail, d'aucunes autres dispositions légales (art. 2).

Jusqu'à présent, nous avons supposé que l'action en réparation du dommage causé par une infraction était dirigée contre les auteurs mêmes de ce dommage. Mais faut-il encore appliquer la prescription des art. 637, 638 et 640 C. inst. crim. au cas où l'action civile est exercée contre les personnes civilement responsables de l'infraction, auxquelles la loi impose l'obligation de réparer les conséquences du fait d'autrui (art. 1384 C. C.)?

La difficulté vient de ce que l'unité de prescription appliquée par la loi aux actions publique et civile, qui diffèrent autant par leur nature que par leur objet, présente de nombreux inconvénients. Elle ne doit pas, dès lors, être étendue au-delà des termes auxquels il est impossible de se soustraire.

Aussi certains criminalistes ont-ils soutenu que l'action en dommages-intérêts, intentée contre les personnes civilement responsables, dure trente années, conformément au droit commun (1).

En effet, dit-on, la prescription établie par la loi pénale ne s'applique aux actions civiles qu'autant que ces actions ont, pour

---

(1) En ce sens : Dalloz Répᵗᵉ, Vᵒ. *Prescription criminelle*, r.ᵒ 103. — Beudant, *Note sous Cass.* 13 mai 1868 et 12 janvier 1869 (D. 69-1-217), reproduite par Le Sellyer, *Extinction des actions publique et privée*, t. 2, nᵒ 556. — Paul Collet, *Revue critique 1868*, p. 1 et s.

base unique et exclusive, un crime, un délit ou une contravention. Mais l'action en dommages-intérêts reste soumise à
la prescription ordinaire de trente ans toutes les fois qu'elle
peut être considérée comme indépendante du fait incriminé ;
car le demandeur n'a pas, alors, besoin de prouver l'infraction
à la loi pénale ; il lui suffit de prouver le fait dommageable,
source de l'obligation qu'il allègue.

Or, reprend M. Beudant, quelle est la cause de l'obligation
qui pèse sur les personnes civilement responsables ? Quand
l'action civile résultant d'un délit est exercée par la partie lésée,
contre l'auteur du fait, elle dérive du fait délictueux. L'obligation de l'agent, ainsi que le dit l'art. 1370 C. C., naît d'un fait
personnel « à celui qui se trouve obligé », de sa faute, ajoute
l'art. 1382 ; l'action privée est alors une dépendance et un accessoire de l'action publique, car elles découlent toutes les deux
du même fait, et l'on comprend que la loi ne veuille pas que
la première survive à la seconde. Quand, au contraire, l'action
en dommages-intérêts est exercée contre les personnes civilement responsables, elle ne dérive jamais du fait délictueux ;
par conséquent, elle n'est plus et ne peut plus être, comme
dans le cas précédent, l'accessoire et la dépendance de l'action
publique. L'obligation de réparer le dommage causé par les
personnes dont on répond, ou par les choses dont on a la
garde, naît d'un quasi-délit purement civil, d'un défaut présumé de surveillance, d'une présomption de négligence. Comment le père ou le maître seraient-ils obligés, par suite d'un
fait qu'ils n'ont pas commis, qui est et doit rester personnel à
celui qui en est l'auteur ? Aussi, l'art. 1384 distingue-t-il avec
soin la responsabilité du dommage que l'on cause par son propre fait et la responsabilité du dommage causé par le fait des

personnes dont on répond ou des choses que l'on a sous sa garde : l'une naît d'un délit, l'autre d'un quasi-délit civil. Le fait dommageable, que commet la personne que nous sommes obligés de surveiller, n'aurait probablement pas été commis si notre surveillance eût été plus active et plus assidue. La loi fait de cette surveillance un devoir civil ; elle en présume le défaut ou l'insuffisance quand elle n'est pas efficace, et, sur le fondement de cette présomption légale, elle regarde comme tenu par un quasi-délit, celui qu'elle déclare responsable à raison du fait d'autrui. En conséquence, dit-on, l'action civile, intentée contre les personnes civilement responsables d'une infraction, est soumise à la prescription de trente ans.

M. Paul Collet prétend également que l'obligation imposée aux personnes civilement responsables de réparer les conséquences des faits d'autrui, que ces faits soient des crimes, des délits ou des quasi-délits même, ne naît pas de ces faits et que l'action en responsabilité n'admet pas la prescription criminelle. Cette action doit être, quant à la prescription, soumise à des règles invariables parce que, en réalité, elle repose sur une base fixe et immuable. Elle a pour origine non pas chacun des faits différents qui se présentent, tantôt avec un caractère délictueux, tantôt avec un caractère de simple dommage ; elle a pour origine le quasi-délit résultant d'un défaut présumé de surveillance.

Ce système est évidemment très ingénieux ; il n'a pu, cependant, à bon droit, réussir à convaincre les auteurs et la jurisprudence. C'est qu'en effet on ne comprend pas que l'action en dommages-intérêts puisse être dirigée contre la personne civilement responsable d'une infraction lorsque cette action est éteinte à l'égard de l'agent direct. La raison peut-elle admettre que le coupable soit à l'abri de toute recherche et que, cependant, un tiers, qui n'a pas commis le délit, arrive à en supporter certaines conséquences?

Ne peut-on pas dire, du reste, avec l'arrêt de la Cour de cassation du 13 mai 1868 (D. 69-1-217) « que les art. 2 et 638 C. inst. crim., n'admettent aucune distinction entre l'action directement intentée contre l'auteur d'un délit d'imprudence et l'action dirigée contre les personnes civilement responsables de ce délit ; que ces deux actions sont liées l'une à l'autre, et qu'il n'est plus possible de rechercher celui qui est civilement responsable du fait délictueux, quand lui-même ne peut plus exercer de recours contre l'auteur de ce fait ? »

La raison est, en effet, d'accord avec les textes pour décider que l'action en responsabilité du fait d'autrui est une action civile en réparation du dommage causé par une infraction à laquelle s'applique directement l'art. 2 C. inst. crim., portant que l'action civile s'éteint par le même laps de temps que l'action publique. De plus, l'action en responsabilité n'est que l'accessoire de l'action civile dirigée contre l'agent direct, obligé principal, et, dès lors, cette dernière action étant prescrite, la première ne peut lui survivre. « La responsabilité civile, dit Larombière (*Obligations*, t. 5, p. 775), n'est que le cautionnement indéfini par lequel la personne civilement responsable est tenue de réparer le dommage causé par le fait de celui dont elle répond. L'obligation de l'un doit donc toujours cadrer, comme engagement accessoire, avec l'obligation principale de l'autre. »

Les motifs qui ont fait limiter à un temps relativement court les actions civiles résultant d'une infraction aux lois pénales s'appliquent avec la même force, que la demande soit mise en mouvement contre l'auteur du dommage ou contre la personne qui en est civilement responsable. Le but de la loi serait donc manqué si la prescription trentenaire était applicable dans notre hypothèse, car le législateur a voulu que le souvenir du délit ne pût être rappelé après les délais de la prescription criminelle.

Il est encore bon de rappeler que la partie civilement responsable a un recours contre l'auteur personnel du dommage pour le montant des condamnations qu'elle a encourues comme responsable et qu'elle a payées de ses deniers, par application de l'art. 1251-3° C. C., aux termes duquel celui qui, étant tenu pour d'autres au paiement de la dette, a acquitté cette dette, est subrogé de plein droit dans l'action du créancier. Or, admettre la prescription trentenaire pour l'action en dommages-intérêts contre les personnes civilement responsables, ce serait rendre possible la poursuite quand celles-ci ne pourraient plus exercer leur action récursoire contre l'auteur du fait délictueux.

Ces arguments nous paraissent suffisants pour faire rejeter l'opinion que nous combattons, et justifier la doctrine de la majorité des auteurs (1) qui décident que l'action dirigée contre les personnes civilement responsables se prescrit, d'après les règles du Code d'instruction criminelle, par dix ans, trois ans ou un an, suivant que des poursuites sont exercées à raison d'un crime, d'un délit ou d'une contravention.

La jurisprudence consacre la même doctrine ; de nombreux arrêts ont, en effet, proclamé que l'action civile résultant d'une

(1) Vazeille, *Prescriptions*, t. 2, n° 594 ; — Cousturier, n° 86 ; — Brun de Villeret, n° 340 ; — Garraud, *Traité*, n° 69 du t. 2 ; — Villey, p. 266 ; — Normand, n° 934.

infraction est soumise à la même prescription que l'action publique, aussi bien lorsqu'elle est exercée contre la personne civilement responsable du fait délictueux, que lorsqu'elle est formée directement contre l'auteur de ce fait (1).

Ajoutons que la prescription des art. 637, 638 et 640 est également applicable à l'action récursoire dont nous avons parlé ; cette action naissant du délit, comme celle de la partie lésée, et n'ayant jamais d'autre base, doit être soumise à la même prescription que le délit (2).

Nous pensons également que la prescription criminelle est applicable au cas où l'action civile est dirigée, en vertu d'une loi spéciale, contre des personnes étrangères au fait délictueux, et spécialement la responsabilité civile encourue par les com·munes, aux termes de la loi du 10 vendémiaire an IV, pour faits qualifiés crimes ou délits par les lois pénales, est soumise à la même prescription que l'action publique ayant pour objet la répression de ces infractions. C'est l'opinion de la jurisprudence (3).

Sans doute, la loi de vendémiaire offre des traits particuliers ; elle déroge sous beaucoup de rapports au droit commun. On veut punir une commune de l'absence de la surveillance qu'elle doit exercer sur les membres qui la composent ; c'est un tort

---

(1) V., outre les deux arrêts précités des 13 mai 1868 et 12 janvier 1869, Montpellier, 10 janvier 1870 (D 70-2-183) ; Paris, 29 déc. 1875 (D 77-2-1) ; Cass. 1er mai 1876 (D 76-1-400) ; 10 janvier 1877 (D 77-1-197) ; 3 janvier 1893 (S. 93-1-311) ; 12 février 1894 (S. 94-1-168).

(2) Bourges, 27 mars 1857 ; D. 57-2-164.)

(3) Angers, 13 juillet 1850 (S. 50-2-422) ; Lyon, 4 avril 1851 (S. 51-2-434) ; Cass., 14 mars 1853 (S. 53-1-342) ; 28 février 1855 (S. 55-1-330) ; 6 mars 1855 (S. 55 1-333).

personnel, pour ainsi dire, qui lui est reproché. En outre, les tribunaux civils sont seuls compétents pour connaître de cette action. Il semblerait donc que la prescription trentenaire aurait dû être applicable. Cependant, le caractère dominant établi par la loi de l'an IV est celui d'une action en responsabilité civile. La commune est tenue de fournir la réparation aux lieu et place des auteurs directs des infractions, insolvables ou inconnus, et cette action en responsabilité se rattache aux crimes et aux délits prévus par les textes. Dès lors, l'action privée se prescrira par dix ans ou par trois ans, suivant la nature du fait qui lui donne ouverture, conformément aux art. 637 et 638 C. inst. crim. (Sourdat, t. 2, p. 557).

SECTION II

Limites du principe de l'assimilation de l'action civile
à l'action publique

L'action exercée par la partie lésée, à l'occasion d'une infraction, en réparation du dommage qui lui a été causé, dérive, en général, du fait délictueux. Mais le préjudice à réparer peut provenir d'un droit préexistant à l'infraction, ou tout au moins, distinct. Dans cette hypothèse, les règles du droit commun doivent être appliquées en ce qui concerne la prescription.

Les textes du Code d'instruction criminelle, qui instituent l'action civile, ne peuvent laisser, du reste, aucun doute à ce sujet ; cette action vise uniquement celle qui a pour cause la réparation du dommage résultant d'un fait incriminé par la loi pénale, et nous supposons ici que l'action en dommages-intérêts dérive d'un droit antérieur dont la violation constituerait en même temps une infraction punissable.

En raison, on ne comprendrait pas pourquoi cette action résultant d'une cause préexistante au délit et à l'action civile à laquelle ce délit a donné naissance postérieurement, se trouverait éteinte dans cette action bien différente. Autrement, le coupable trouverait dans la perpétration du délit l'affranchissement des poursuites qui pouvaient être antérieurement exercées contre lui.

A l'égard des actions qui naissent des contrats tels que le dépôt, le mandat, le prêt à usage, on est obligé de reconnaître que la loi pénale n'a pas dérogé au Code civil qui fixe à trente années le délai pendant lequel les actions dont nous parlons doivent être intentées. Il est tout d'abord certain que la prescription du droit civil peut être, seule, admise lorsque la demande est basée sur des fautes dans l'exécution du contrat, qui ne constituent pas une infraction aux lois pénales. Mais quand bien même ces fautes constitueraient un délit criminel, la prescription abrégée du Code d'instruction criminelle ne serait pas, néanmoins, applicable.

Ainsi l'art. 408 C. pén. qualifie abus de confiance et punit de peines correctionnelles la violation d'un dépôt, le détournement d'effets, de marchandises, de billets, deniers, confiés à un tiers à la charge de les rendre ou de les représenter ou d'en faire un usage ou un emploi déterminé. Lorsque le déposant, le mandant poursuivent devant la juridiction civile le dépositaire ou le mandataire trop peu scrupuleux, à l'effet d'obtenir des restitutions ou des dommages-intérêts à raison de l'inexécution de la convention intervenue entr'eux, ils n'invoquent pas l'obligation née du délit pénal, mais bien le contrat. Ce n'est donc pas la prescription criminelle qui peut être invoquée ici. Le fait délictueux a bien pris naissance dans l'inexécution, la violation du contrat, mais l'action en répétition reposait sur une convention préexistante à l'infraction (1).

En somme, il y a ici deux actions, l'une qui naît du contrat et l'autre qui naît du délit. Celle-ci peut être éteinte par la prescription indépendamment de celle-là. « Le for criminel, dit M. Rauter (*Cours de législation criminelle*, n° 583) est ouvert à la partie condamnée en haine du crime, dans le but d'en faire plus promptement condamner l'auteur à la réparation civile qu'il peut devoir. C'est donc dans ce sens que la loi sur la prescription civile doit être entendue. Elle ne peut favoriser l'auteur du dommage, ni ôter à la partie lésée les droits qu'elle avait au moment du délit, indépendamment du fait de délinquer. »

La Cour de cassation a décidé, d'après les mêmes principes, par arrêt du 7 juillet 1829 (S.29-1-319) que l'action exercée contre un receveur de deniers publics ou communaux, en répétition de sommes indûment perçues par lui, dure trente années alors même que le fait de cette perception constituerait une concussion.

Mais de ce que les actions que nous venons d'examiner dérivent d'une convention préexistante au délit, s'ensuit-il que la partie lésée ne puisse obtenir une réparation devant la juridiction répressive, soit en se portant partie civile dans le cours de la procédure, soit en saisissant directement le tribunal correctionnel ? Au premier abord, il semble que le contrat étant antérieur à l'infraction, l'acte résultant de la violation de ce

(1) V. Cass. 16 avril 1845, (S. 45-1-404) ; 27 août 1867, (S. 68-1-117).

4

contrat soit exclusivement de la compétence des tribunaux civils. Cependant, il ne faut pas oublier que l'inexécution du contrat constitue précisément le fait délictueux. Aussi croyons-nous avec M. Brun de Villeret (op. cit. n° 343) qu'il n'y a pas là un obstacle à l'application de la règle générale et qu'il est rationnel d'admettre qu'on ne pourrait déclarer irreeevable la demande de la partie lésée par un délit portée devant le tribunal correctionnel, en lui opposant qu'elle pouvait puiser, dans le fait ou contrat primitif, le droit d'exercer son action en réparation par la voie purement civile. Il faut observer, du reste, que si, dans ce cas, l'action publique est déclarée éteinte par la prescription, l'action civile sera également prescrite en tant qu'elle a sa base dans l'acte délictueux, postérieur à la convention, mais elle survivra à la prescription criminelle en tant que la demande à fins civiles comprend l'objet pour lequel la partie lésée avait une action préexistante au délit. Cette dernière action pourra être valablement intentée devant les tribunaux civils sans que le défendeur puisse invoquer la règle « *Electa una via, non datur recursus ad alteram* », qui interdit de déférer à la juridiction civile l'action civile exercée devant la juridiction criminelle (1). Cette maxime ne pourrait, en effet, recevoir son application que si l'action produite devant la juridiction civile avait le même origine que celle intentée précédemment devant le tribunal répressif.

Il ne faut pas voir, non plus, une véritable action civile, au sens de l'art. 1er C. instr. crim., dans la demande résultant d'un délit qui a fait l'objet d'une transaction entre les parties.

(1) D'après la jurisprudence, l'option de la partie lésée n'est définitive que lorsque, ayant d'abord saisi les tribunaux civils, elle veut se pourvoir devant la juridiction répressive.

L'obligation qui en découle n'est plus qu'une obligation conventionnelle ordinaire, ne se rattachant plus à l'infraction. On le décidait ainsi dans l'ancien droit, l'action étant purement civile. « Ainsi, dit Jousse (op. cit. t. I, p. 603), dans le cas où l'auteur du crime a transigé avec l'offensé, l'action pour se faire payer des causes de la transaction, et qui tient lieu de réparation civile, dure trente ans et ne court pas contre les mineurs ; ce qui est fondé sur ce qu'alors l'action pour le payement de la somme portée par la transaction devient une action purement personnelle civile et indépendante du crime, et que ce n'est plus en vertu du crime qu'elle s'intente, mais en vertu d'une obligation nouvelle. » (1).

Cette opinion doit encore être acceptée aujourd'hui par les mêmes motifs. Les droits résultant de la transaction pourront être réclamés pendant trente ans à compter du jour de l'acte. (V. Sourdat, t. I, p. 403 — Le Sellyer, t. 2, n° 552).

Quant aux actions résultant des obligations naissant des quasi-contrats ou de l'autorité de la loi, elles sont soumises également à la prescription trentenaire, alors même qu'elles seraient intentées à l'occasion d'un délit commis par l'obligé pour se soustraire à l'exécution de son obligation. Un arrêt de la Cour d'Angers du 15 juillet 1851 (S. 51-2-491) a pu, ainsi, décider que le propriétaire du fonds sur lequel a été trouvé un trésor peut revendiquer, pendant trente ans, contre l'inventeur, la moitié qui lui est attribuée par l'art. 716 C. C. L'action a, en effet, pour base, un fait indépendant de tout délit, savoir : l'existence du trésor dans la propriété du demandeur. L'obligation de l'inventeur est aussi indépendante de

(1) V. aussi en ce sens Muyart de Vouglans, *Institutes au droit criminel*, p. 93.

l'idée de délit et doit, par suite, être soumise à la prescription du droit civil (V. Nîmes, 10 mars 1880 ; S. 81-2-95).

La même solution doit-elle être appliquée au cas où la partie lésée exerce une action en revendication des objets qui ont été soustraits à son préjudice par suite d'une infraction ? Cette action réelle en restitution demeure-t-elle distincte de l'action civile en réparation du dommage causé par le délit et dure-t-elle trente ans quoique l'autre ne soit soumise qu'à la prescription criminelle ?

Cette question est controversée et les deux doctrines opposées ont trouvé d'éminents défenseurs.

Quelques Parlements avaient décidé que, dans le cas de vol, l'action civile était indépendante de l'action criminelle parce qu'elle dérivait non du délit, mais de la revendication de l'objet volé (Parlement de Toulouse, arrêt du 13 août 1691, rapporté par Vedel — Arrêt du Parlement de Dijon du 31 juillet 1694, confirmé par un arrêt du consul du 2 mars 1696, cité par Dunod, part. II, chap. IX, p. 191). Cette opinion était puisée dans les principes de la loi romaine qui distinguent l'action pénale de la *condictio furti*.

D'Argentré (Sur l'art. 274 de la cout. de Bretagne, V° action de crime n° 6) était de cet avis. « *Etiam si per vim aut delictum res ad eum pervenerit, nec criminali actioni per criminalem hic præjudicabitur : quia civilis actio in hoc casu non a causa delicti, sed aliunde nascitur, scilicet a rei vindicatione.* » Dunod (loc. cit.) tout en professant ce système, reconnaît que la doctrine contraire était plus répandue.

L'apparition du code d'instruction criminelle n'a pas fait cesser le désaccord entre les auteurs.

M. Duranton (*Droit civil*, t. 13, n° 707) estime que la revendication dure trente ans. « Il paraîtrait raisonnable, dit-il, que celui qui a volé ma chose fût assujetti à me la rendre par une obligation aussi forte que celle qu'il aurait contractée si je la lui avais louée ou prêtée. La prescription établie par le code d'instruction criminelle est étrangère à la propriété des choses à l'égard desquelles des vols ou autres délits ont été commis. En vain opposerait-on que l'art. 2279 C. C. fixe à trois ans le délai pour revendiquer les choses perdues ou volées. On répondrait que cet article n'est relatif qu'aux tiers dans les mains desquels la chose est trouvée, et non à celui qui en a opéré lui-même le détournement, comme l'indiquent les mots qui terminent l'article ; sauf à celui-ci (au tiers) son recours contre celui duquel il le tient. »

M. Troplong (*Commentaire sur la Prescription*, no 1049) décide de la même manière. « L'art. 2279, dit-il, ne profite qu'au tiers acquéreur et ce serait le comble de l'absurdité que de ne mettre aucune différence entre le voleur et celui qui aurait acheté de lui de bonne foi. »

Cependant, dit-on dans un système opposé, l'action civile, dont parlent les art. 637 et 638 C. inst. crim., comprend à la fois les dommages-intérêts et la restitution des objets enlevés ; la loi ne distingue pas, et la restitution ne forme qu'un des éléments de cette action. Pour revendiquer la chose volée, la constatation de l'acte délictueux devient nécessaire et, dès lors, pour les raisons qui ont fait admettre l'assimilation de l'action civile à l'action publique au point de vue de la prescription, l'action en restitution ne doit durer que trois ans (1) On peut citer en ce sens deux arrêts de la Cour de Bordeaux

(1) Brun de Villeret, no 353 ; — Cousturier, no 78 ; — Vazeille *Prescription*, t. 2., no 589.

des 15 avril 1829 (S. 29-2-218) et 31 juillet 1848 (S. 49-2-82) qui ont déclaré que le vœu du législateur serait méconnu si, après trois années révolues, une personne pouvait être recherchée d'une manière quelconque devant les tribunaux.

On invoque aussi le principe édicté par l'art. 2279 C. C. « En fait de meubles, possession vaut titre », d'où l'on fait découler cette conséquence que la revendication d'une chose mobilière n'étant admise qu'au cas de perte ou de vol, et la soustraction frauduleuse ne pouvant plus être établie par suite de la prescription criminelle, le propriétaire, dans l'impossibilité où il est de faire la preuve du vol, n'a plus désormais aucune action pour réclamer sa chose.

Toutefois, nous ne pensons pas que ces arguments soient coucluants et qu'ils justifient la solution que l'on en déduit.

Nous croyons, au contraire, que l'action en revendication d'une chose volée contre le voleur ou un tiers de mauvaise foi ne s'éteint que par trente ans, bien que l'action publique fondée sur le vol se prescrive par le délai de trois ans.

De même, en effet, que l'action qui dérive d'un droit antérieur à l'infraction est indépendante de l'action civile en réparation du dommage causé par un délit, de même l'action réelle en est indépendante. Le droit de propriété, sur lequel elle est fondée, existait bien antérieurement au délit. Or, comment pourrait-il se faire que la perpétration de l'infraction supprime ce droit et l'éteigne ?

Quant à l'argument tiré de l'art. 2279 C. C., il nous suffira de rappeler que si, en fait de meubles, possession vaut titre, c'est à la condition que cette possession soit de bonne foi, et que la mauvaise foi du possesseur ne comporte pas nécessairement l'imputation d'une soustraction frauduleuse constitutive du délit de vol. Si le défendeur à l'action, possesseur de mauvaise foi d'un meuble dont le vol ne lui est pas reproché, venait à s'accuser de vol pour tirer de là une exception péremptoire contre l'action dirigée contre lui, il serait repoussé par la maxime : *nemo auditur turpitudinem suam allegans* (V. en ce sens Garraud, *traité*, t. 2, n° 69 bis ; Larombière, *Obligations*, sur les art. 1382 et 1383, n° 50 ; Dalloz suppl. V° *Prescription criminelle*, n° 72.)

Ajoutons que la question ne peut être douteuse dans le cas prévu par l'art. 380 C. pén. aux termes duquel les soustractions frauduleuses commises entre les personnes, qui y sont indiquées, ne peuvent donner lieu qu'à des réparations civiles. L'action publique ne pouvant, dès lors, être mise en mouvement, il en résulte que l'action civile obéira nécessairement aux règles du droit civil en ce qui concerne la prescription, puisqu'elle ne se rattache pas à un fait puni par la loi pénale.

De même la répétition d'intérêts usuraires peut être exercée pendant trente ans depuis le jour du prêt, lorsque le fait d'habitude d'usure ne peut être imputé au prêteur.

La prescription de trois ans ne pourrait être invoquée ici puisque l'usure ne devient délictuelle que par l'habitude, aux termes de la loi du 19 décembre 1850 (1). Mais nous croyons qu'il en serait autrement et que la prescription criminelle devrait être appliquée au cas où le demandeur aurait été victime de plusieurs faits usuraires de la part du même prêteur, puisqu'alors le délit d'habitude d'usure serait établi.

Pour appliquer la prescription des art. 637, 638 et 640 C. inst. crim., il ne suffit pas, avons-nous dit, que l'action naisse

(1) V. Bordeaux 23 nov. 1860 (D. 61-2-61).

du délit ; il faut encore que cette action ait pour objet direct et immédiat la réparation du dommage qu'il a causé. C'est ainsi que certaines actions, bien que naissant à l'occasion d'une infraction, ont un but bien déterminé et tout autre que celui de l'action civile proprement dite. Sans doute, on met en question un délit qui est peut-être couvert par la prescription et il peut y avoir quelques inconvénients à admettre une semblable demande, mais il est impossible de soumettre à la prescription pénale l'exercice d'un droit qui ne saurait dériver d'une action civile, puisqu'on ne poursuit pas la réparation pécuniaire du tort causé par le délit.

C'est par application de ces principes qu'il faut décider que l'action en divorce ou en séparation de corps, fondée sur l'adultère, serait recevable, même après l'expiration du délai de trois ans depuis le jour du délit imputé à l'un des époux, c'est-à-dire à une époque où le coupable pourrait échapper à toute disposition pénale et serait à l'abri de toute poursuite correctionnelle.

Sous l'empire de la législation de 1804, la Cour de Rennes avait jugé par arrêt du 28 décembre 1825 (S. 25-2-167) que la séparation de corps, fondée sur l'adultère, devait bien être admise pendant trente ans, mais que, trois ans après l'accomplissement du délit, la peine portée par l'art. 308 C. C. (abrogé par la loi du 27 juillet 1884) ne pouvait être infligée à la femme.

De même, des sévices graves exercés par l'un des époux contre l'autre pourraient servir de base à une action en divorce ou en séparation de corps, bien que ces faits soient à l'abri de toute poursuite pénale, parce qu'ils ne remontent pas à plus de trente années.

L'action en désaveu, formée aussi pour cause d'adultère, celle tendant à faire déclarer indigne de succéder l'héritier qui a été condamné pour avoir donné ou tenté de donner la mort au défunt, conformément à l'art. 727 C. C., seront aussi soumises aux règles édictées par le Code civil au point de vue de la prescription (1).

Nous estimons également que l'action civile intentée par le syndic, au nom des créanciers, en restitution des sommes payées par le failli à un de ses créanciers concordataires, en dehors des sommes déterminées par le concordat, ne se prescrit que par trente ans.

Sans doute, aux termes de l'art. 597 C. Co., le créancier qui stipule, soit avec le failli, soit avec toutes autres personnes, des avantages particuliers à raison de son vote dans les délibérations de la faillite ou qui fait un traité particulier, duquel résulte en sa faveur un avantage à la charge de l'actif du failli, se rend coupable d'un délit prescriptible par trois ans, mais l'action que nous supposons exercée contre ce créancier peu scrupuleux, n'est pas basée uniquement sur le fait délictueux. La demande a pour but la restitution de sommes indûment payées par le failli à certains créanciers, en fraude des droits de la masse, et cette réclamation, fondée sur les principes du droit commun et les règles particulières de la faillite, est indépendante des stipulations délictueuses prohibées et punies par l'art. 597 C. Co. (2).

(1) V. Garraud, *Traité*, t, 2, n° 69 *in fine*. - Normand, *Traité élémentaire de droit criminel*, n° 934.

(2) En ce sens : Dutruc, *Dictionnaire du Contentieux commercial*, V° *Banqueroute*, n° 98 ; — Alauzet, *Commentaire du C. com.* t. 8, n° 2883 ; — Ruben de Couder, *Dictionnaire de droit*

CHAPITRE V

DURÉE DE L'ACTION CIVILE APRÈS L'EXTINCTION DE L'ACTION PUBLIQUE PAR TOUTE AUTRE CAUSE QUE LA PRESCRIPTION

Il résulte des observations que nous venons de présenter que, lorsque l'action publique est prescrite, l'action civile l'est également et ne peut lui survivre, en tant que cette action est bien celle prévue par l'art. 1er C. inst. crim. Mais est-ce à dire que les actions publique et civile ne doivent être solidarisées que dans ce seul cas ? Certains auteurs admettent l'affirmative et, toutes les fois que l'action publique est éteinte par toute autre cause que la prescription, soit par l'autorité de la chose jugée, soit par une amnistie, soit par le décès du coupable, ils veulent que l'action civile soit soumise, non plus aux règles du droit criminel, mais aux règles de la prescription civile. Nous croyons qu'il faut faire des distinctions.

Sans doute, lorsque les poursuites au criminel ont abouti à une déclaration de non-culpabilité, l'action civile est régie par le Code civil. Mais pourquoi cela ? Parce que le fait qualifié délit ayant été suivi d'une ordonnance de non-lieu ou d'une déclaration d'acquittement, l'action intentée par la partie lésée ne peut plus être considérée comme une véritable action civile dans le sens où nous avons employé ces expressions jusqu'ici, puisque la réparation du dommage que la victime a pu éprou-

---

commercial, V° Faillites, n° 1187 ; — Lyon — Caen et Renault, *Traité de droit commercial*, t. 2, n° 3098. — Cass. 28 août 1855 (S. 56-1-37) ; 5 mai 1863 (S. 63-1-301) ; 6 novembre 1866 (D. 66-1-441). *Contra* Bédarride, *Traité des faillites*, t. 3, n° 1298.

ves ne naît pas d'une infraction aux lois pénales (V. Douai, 18 août 1873, D. 74-2-386). Le fait préjudiciable est dénué de tout caractère délictueux et l'action que la partie lésée pourra mettre en mouvement, de la compétence exclusive des tribunaux civils, aura une origine purement civile et ne sera soumise qu'à la prescription trentenaire.

M. Rodière pense toutefois qu'en cas d'acquittement, la prescription pénale doit être appliquée parce que, si les preuves ont paru insuffisantes lors du jugement criminel, à plus forte raison doivent-elles le paraître trois ans ou dix ans plus tard (1).

Laissant de côté l'objection tirée du dépérissement des preuves qui ne justifie pas suffisamment le principe de la prescription, il est facile de répondre que ce n'est pas toujours pour ce motif que le prévenu ou l'accusé aura été relaxé des poursuites criminelles, et alors il faudrait faire une distinction.

En réalité, ce n'est que la nature de l'action qui doit déterminer la prescription applicable ; or, par hypothèse, elle ne dérive pas d'une infraction pénale, elle a pour base un délit civil ou un quasi-délit ; dès lors, elle doit être soumise à l'art. 2262 C. C.

L'amnistie prononcée avant qu'une condamnation irrévocable soit intervenue, éteint l'action publique ; elle anéantit les faits incriminés et les poursuites auxquelles ils ont pu donner lieu, de sorte qu'aux yeux de la justice, par une fiction légale, ils sont réputés n'avoir jamais existé. Mais les obligations auxquelles le fait a donné naissance subsistent naturellement au profit des tiers (2) à moins, cependant, que l'intérêt

---

(1) Rodière, *Procédure criminelle*, p. 39.

(2) V. *Loi du 29 juillet 1881 sur la liberté de la Presse* (art. 70).

social n'exige qu'il en soit autrement, sauf à l'Etat lui-même à dédommager la partie civile.

Ainsi, en principe, l'action en réparation du préjudice causé par l'infraction subsiste, mais les faits ont perdu tout caractère délictueux, et il n'y a plus place, dès lors, que pour une action en dommages-intérêts soumise aux règles du droit civil et à la prescription de trente ans. Comme le dit M. Villey (*Précis d'un cours de droit criminel*, 5ᵉ éd. p. 254), la solution, adoptée au cas d'acquittement, doit être admise ici par *a fortiori*.

Dans le cas de condamnation ou de décès du prévenu, on s'accorde, en général, pour décider que l'action civile reste soumise à la règle des art. 637 et s. C. instr. crim.; on voit seulement dans le jugement de condamnation un acte interruptif de la prescription.

Toutefois l'opinion contraire a été soutenue (1). Lorsqu'il est intervenu un jugement de condamnation, dit-on, en invoquant le principal motif qui a fait admettre l'unité de prescription pour les actions publique et civile, il n'y a plus à craindre la constatation judiciaire d'un fait que la justice ne pourrait plus punir puisque le coupable est frappé ; rien ne s'oppose donc à ce que la prescription qui commence à courir à partir du jugement dont il s'agit soit soumise à la durée ordinaire de trente ans ; on ne comprend plus une abréviation de délai au bénéfice de l'agent déclaré coupable (2).

(1) V. Villey, *Revue critique de législation et de jurisprudence* 1875, p. 81, et *Précis* p. 254; — Labroquère, *Revue critique* 1861, t. 19, p. 166.

(2) V. en ce sens, Paris, 18 juin 1811 (D. 11-2-205) ; Caen, 8 janvier 1827 (S. 28-2-214) ; Nîmes, 27 mars 1833 (S. 33-2-243).

Cependant cette solution qui pourrait être bonne en législation, se heurte aux textes du Code d'instruction criminelle qui ne font nulle part la distinction proposée. M. Villey prétend, il est vrai, que l'art. 637, par lequel on se croit enchaîné, « dit positivement le contraire », qu'il suffit de le lire pour voir qu'il est sans application à notre cas et que ces mots : « S'il a été fait dans cet intervalle des actes de poursuite ou d'instruction non suivis de jugement » viennent corroborer sa théorie. Mais il nous semble que cette disposition fait simplement allusion à l'interruption de la prescription et ne règle nullement la question de savoir par quel délai se prescrira l'action civile lorsqu'un jugement de condamnation a été prononcé contre le prévenu, sans que la victime de l'infraction se soit portée partie civile.

Du moment qu'il est admis que l'action civile, même exercée isolément devant les tribunaux civils, est soumise à la prescription criminelle, il importe peu qu'une condamnation au criminel ait constaté l'existence du fait délictueux. Cette constatation servira de base certaine à l'action civile, mais celle-ci, ayant toujours la même cause et le même objet : la réparation du dommage causé par un crime, un délit ou une contravention, restera soumise à la prescription pénale.

N'est-ce pas, du reste, ce qui résulte virtuellement de l'art. 642 C. inst. crim., qui dispose que la prescription spéciale des art. 637 et s. s'applique à l'action civile, tant qu'il n'a pas été statué sur les réparations civiles. « Les condamnations civiles, est-il dit, portées par les arrêts ou par les jugements en matière criminelle, correctionnelle ou de police, et devenues irrévocables, se prescriront d'après les règles établies par le Code civil. »

C'est qu'alors la partie lésée a un titre irréfragable ; une obligation civile s'est substituée à l'action naissant de l'infraction, et l'inexécution de cette obligation ne remet pas en question l'existence du délit. Il s'agit de prescrire une dette ordinaire, et il est tout naturel que les dispositions de l'art. 2262 C. C. reprennent leur empire. « Attendu, dit fort bien un arrêt de la Cour de cassation du 3 août 1841 (S. 41-1-753) que, suivant l'art. 642 C. inst. crim. les arrêts rendus par les cours d'assises ne font cesser la prescription de dix ans, pour les réparations civiles, que lorsque ces réparations ont été accordées par ces arrêts ; que les arrêts des cours d'assises sont, dans ce cas, des titres dont l'exécution peut être poursuivie pendant trente ans, comme celle des actes authentiques ordinaires et par les voies purement civiles ; que l'arrêt rendu par une cour d'assises sur l'action publique ne peut avoir, pour l'objet sur lequel il n'a pas statué, plus d'effet que les actes d'instruction ou de poursuite dont parle l'art. 637, et qu'ainsi, après l'arrêt qui n'a prononcé aucune condamnation civile, la partie lésée par le crime, qui a été commis et puni, ne peut demander des dommages-intérêts, si elle laisse écouler plus de dix années. »

Nous nous rallions à ce système qui est consacré par la jurisprudence (1) et la majorité des auteurs (2).

---

(1) Cass., 1er février 1833 (D. 33-1-161); Lyon, 17 mars 1842 (S. 43-2-343) ; cass., 6 mars 1855 (S. 55-1-333).

(2) Garraud, *Traité*, t. 2, p. 124; — Normand, *Traité élémentaire de droit criminel*, p. 639; — Vazeille, n°595; — Le Sellyer, *Actions publique et privée*, t. 2, n° 482; — Sourdat, t. 1, n° 400; — Trébutien, *Cours de droit criminel*. t. 2, p. 161; — Cousturier, n° 89; — Demolombe, op. cit., n° 715.

Nous savons qu'aux termes de l'art. 2 C. inst. crim., le décès du prévenu éteint l'action publique, mais non pas l'action civile qui peut être exercée contre ses représentants et héritiers. Dans ce cas spécial où l'action privée survit à l'action publique, le délai de la prescription criminelle sera-t-il encore applicable, ou bien faudra-t-il recourir aux règles du droit civil ?

Jousse enseignait cette dernière opinion (t. 1, p. 602). « Au reste, faisait-il remarquer, on doit observer que la prescription de vingt ans pour la réparation civile ne doit avoir lieu que lorsque l'accusé est vivant et qu'il peut être poursuivi, pour raison du crime, quant à la peine, mais que si cet accusé vient à mourir avant les vingt ans, dans ce cas, l'action civile contre ses héritiers dure trente ans à compter du jour du crime commis, car alors on ne peut pas dire que l'action civile soit accessoire et dépendante de l'action criminelle, puisque l'action criminelle est éteinte par la mort de l'accusé. Ainsi les choses restent dans le droit commun. »

De nos jours, M. Villey (*ibid.*) a repris cette doctrine ; il pense que, dans le système qui soumet aux règles de la prescription pénale le cas que nous prévoyons, on a donné à l'art. 2 C. inst. crim., une signification qu'il ne comporte pas nécessairement. Cet article, dit-il, n'est pas assez précis pour imposer une conclusion contraire à la tradition historique et à la raison ; il n'y a pas, entre ces deux dispositions, une relation nécessaire. Que dit le texte, et surtout que veut-il dire ?

L'art. 1er, continue M. Villey, venait de s'occuper de l'exercice de l'action publique et de l'action civile ; l'art. 2 parle de leur extinction ; il oppose l'un à l'autre deux modes d'extinction : l'un spécial à l'action publique, l'autre commun aux deux actions ; du décès du prévenu, il dit qu'il éteint l'action publique, mais non l'action civile qui peut être exercée contre ses représentants ; de la prescription, au contraire, il dit qu'elle éteindra du même coup les deux actions ainsi que cela sera réglé ultérieurement. On conclut de là que cette prescription criminelle annoncée dans l'art. 2 et écrite dans les art. 637 et s., s'applique à l'action civile contre les représentants du prévenu comme à l'action civile contre le prévenu lui-même. Cette interprétation, possible, n'a rien de nécessaire ; il est très permis de dire que l'art. 2 vise, dans ses dispositions, deux hypothèses absolument différentes ; que la seconde n'est pas la suite, le corollaire de la première, mais qu'elle en est, au contraire, tout à fait indépendante, et lorsqu'elle soumet l'action civile à la même prescription que l'action publique, elle suppose, comme les textes auxquels elle renvoie, comme les art. 637 et suiv., que les deux actions existent simultanément.

Les inconvénients de la doctrine contraire sont encore, pour le savant criminaliste, un motif venant à l'appui de son opinion : on est réduit, en effet, à discuter la criminalité des actes d'un individu qui n'est plus là pour se défendre ; cette prescription ne pourra plus être interrompue, car les actes d'instruction et de poursuite, étant seuls interruptifs en matière criminelle, sont, désormais, devenus impossibles. L'action civile est gravement compromise si l'on applique le délai du Code d'instruction criminelle, après le décès de l'agent, pour la prescription de cette action.

Malgré tous ces arguments, nous ne pouvons admettre cette solution ; en effet, la nature de l'action civile ne change point parce qu'elle est exercée contre les héritiers du coupable.

L'acte délictueux forme toujours la base de la demande qui ne subit aucune modification, par suite de l'extinction de l'action publique, et, dès lors, les motifs qui ont fait admettre, pour l'action civile, les délais de la prescription pénale, sub-sistent avec toute leur force. Cette action devra donc être exercée dans les délais dont s'agit soit à partir du jour du délit, soit à compter du dernier acte de poursuite, s'il en a été fait (1).

Quant aux inconvénients signalés, il faut se borner à les adresser au législateur; mais tant que les textes ne seront pas révisés, nous croyons que leur application inspire le système que nous adoptons.

---

(1) V. Faustin Hélie, *Instruction criminelle*, t. 3, p. 796 ; Trébutien, t. 2, p. 160; Brun de Villeret, n° 339 ; Cousturier, n° 86; Le Sellyer, t. 2, n° 556.

CHAPITRE VI

EFFETS DE LA PRESCRIPTION DE L'ACTION CIVILE

L'effet de la prescription de l'action civile est d'opposer une fin de non-recevoir insurmontable contre toute demande dérivant de l'infraction et intentée par la partie lésée. Après les délais de la prescription pénale, le délit étant censé n'avoir jamais existé, l'action ne peut survivre.

Lorsqu'il s'agit de l'action pénale, les auteurs et la jurisprudence s'accordent à reconnaître que la prescription constitue une exception d'ordre public ; que, dès lors, elle peut être invoquée en tout état de cause, même pour la première fois en appel et devant la Cour de cassation, qu'elle doit être suppléée même d'office par le juge et que les parties ne peuvent valablement y renoncer.

Ces principes sont-ils applicables également à l'action civile ? La question est controversée.

M. Legraverend (*Législation criminelle*, t. I, p. 86) enseigne la négative, et, reprenant la doctrine admise par Jousse dans l'ancien droit (t. I, p. 585), il pense qu'il faut faire une distinction entre la peine et la réparation civile. « Dans le premier cas, dit-il, la prescription doit être suppléée d'office par le juge ; dans le second, on doit l'opposer de même qu'en matière civile. »

En général, les autres criminalistes admettent que la prescription doit être supplée d'office, du moins lorsque l'action civile est introduite devant la juridiction répressive en même temps que l'action publique.

« Dès l'instant que l'action publique et l'action civile, dit
M. Curasson (*Code forestier*, t. 2, p. 461) ont une telle con-
nexité, lorsque la demande en dommages-intérêts est formée
devant le tribunal saisi de la connaissance du délit, que l'interruption de l'une profite à l'autre, le juge saisi de cette double action ne pourrait pas statuer que l'action publique est
prescrite tandis que l'action civile subsiste encore. »

Or, le droit reconnu au juge répressif, saisi à la fois de
l'action publique et de l'action civile, de déclarer d'office ces
deux actions éteintes par la prescription, implique l'impossibilité pour le prévenu de renoncer, devant la juridiction
répressive, à opposer la prescription de l'action civile aussi bien
que de l'action publique (Garraud, *Précis*, n° 845) (1).

Au cas où l'action civile est intentée, séparément de l'action
publique, devant la juridiction civile, la prescription a-t-elle
encore un caractère d'ordre public, ou bien doit-elle être considérée comme touchant seulement à des intérêts privés, de telle
sorte que ce moyen doive être opposé pour pouvoir être
accueilli ? Trois systèmes ont été proposés.

Dans un premier système, il y aurait lieu de distinguer suivant que l'action civile est exercée devant les tribunaux civils
avant ou après le jugement de l'action publique. Dans la première hypothèse, le moyen de prescription aurait un caractère
d'ordre public qui rendrait toute renonciation impossible et
permettrait aux juges de le suppléer d'office ; dans le second
cas, au contraire, lorsque l'action civile serait portée devant
les tribunaux civils, après le jugement sur l'action publique,

---

(1) V. notamment Grenoble, 28 juin 1888 (S. 88-2-184) ; Alger,
23 février 1895 (S. 97-2-196).

l'exception de prescription, pour être admise, devrait être invoquée par le défendeur, ce qui permettrait au demandeur de se prévaloir de la renonciation, soit tacite, soit expresse, de son adversaire (1).

Cette doctrine est peu suivie en pratique, et les auteurs et la jurisprudence se partagent les deux autres systèmes.

D'après l'opinion admise par la Cour de cassation, le moyen tiré de la prescription de l'action civile, exercée devant la juridiction civile, touche seulement à des intérêts privés, d'où il faut conclure que celui qui peut invoquer la prescription, a, seul, qualité pour s'en prévaloir ; qu'il peut y renoncer tacitement ou expressément et que les juges ne peuvent la suppléer d'office ; il faut, en un mot, appliquer ici les art. 2220, 2221 et 2223 C. C. Devant les juges civils, dit-on, si l'action civile reste soumise à la même prescription que l'action publique, elle n'en recouvre pas moins son indépendance, elle tend uniquement à obtenir la réparation du préjudice causé par l'infraction ; elle met ainsi en jeu un intérêt pécuniaire à la satisfaction duquel l'ordre public n'est nullement intéressé (2). « Attendu, dit la Cour de cassation dans un arrêt du 28 février 1860, que tout ce qui tient à la répression des crimes et des délits est d'ordre public ; que par suite, la prescription tendant à repousser l'application d'une peine est d'ordre public ; mais qu'il n'en est pas de même de la pres-

(1) Vazeille, n° 596.

(2) Cass. 28 février 1860 (S. 60-1-206) ; Angers, 24 août 1865 (D. 66-2-211) ; Lyon, 30 juin 1887 (S. 89-2-65) ; Cass. 5 janvier 1892 (S. 92-1-88). — Le Sellyer, *Act. pub. et privée*, t. 2, n° 445 — Sourdat, t. 1, n°s 407 et 408 — Leroux de Bretagne, *Traité de la prescription en matière civile*, t. 1, n° 30.

cription de l'action civile pour réparation de crimes et délits ;
que le moyen tiré de cette prescription tend uniquement à
repousser des condamnations pécuniaires, à sauvegarder des
intérêts purement privés, et constitue l'exercice d'un droit
auquel le défendeur est libre de renoncer et renonce en ne le
proposant pas devant les deux degrés de juridiction ; que les
dispositions de l'art. 2223 C. C. interdisent au juge de le
suppléer d'office ; qu'ainsi, il ne peut être présenté pour la
première fois devant la Cour de cassation ».

Le 5 janvier 1892, la Cour suprême rendait une décision
semblable en matière de délit de presse et déclarait que la loi
du 29 juillet 1881, en fixant un délai spécial pour prescrire
l'action publique et l'action civile résultant des crimes, délits
et contraventions prévus par cette loi, n'avait pas dérogé à l'art.
2223 C. C.

Mais n'est-ce pas aller contre la volonté du législateur, qui
fait prescrire les deux actions en même temps, que de raviver,
en vue de satisfaire un intérêt particulier, le souvenir d'une
infraction qu'on ne peut plus atteindre ! Les art. 637 et 638,
sur une matière spéciale, dérogent implicitement à la généralité
de l'art. 2223 C. C.

Aussi préférons-nous le troisième système d'après lequel
l'action civile, même intentée devant la juridiction civile,
ayant le même caractère d'ordre public que l'action publique,
au point de vue de la prescription, l'exception de prescription
peut être suppléée d'office par le juge. Du moment où, à
l'expiration d'un certain délai, l'oubli le plus absolu doit se
faire autour de l'infraction, il faut que les juridictions civiles,
saisies de l'action privée, puissent invoquer une prescription

que l'auteur du fait dommageable pourrait ne pas proposer (1).
La jurisprudence fournit quelques décisions à l'appui de
cette opinion (2).

Il est bon de remarquer, du reste, que si l'on n'admet pas
ces principes, il pourra arriver que l'action civile produise
ses effets bien qu'elle n'ait été exercée qu'après l'extinction
de l'action publique, ce qui serait tout à fait contraire aux
dispositions des art. 638 et suiv. C. inst. crim.

Le Code du 3 brumaire an IV résolvait très nettement la
question ; l'art. 10, *in fine*, décidait, en effet, qu' « après le
délai de la prescription, nul ne peut être recherché soit au
criminel, soit au civil. » En présence de ce texte, il est certain
que le juge civil, de même que le juge criminel, se trouvait
obligé de déclarer d'office l'existence de la prescription.

Bien que le Code d'instruction criminelle de 1808 n'ait pas la
précision de celui de l'an IV, nous persistons à croire cependant que la même solution doit encore être acceptée aujour-
d'hui ; les principes commandent cette interprétation.

Supposant désormais acquise la prescription de l'action
civile, nous dirons que cette exception n'empêchera pas néanmoins la partie lésée de faire valoir, à titre de défense, devant
les tribunaux civils, les faits qui auraient servi de base à son
action si elle eût été exercée en temps utile, par application de
l'ancienne règle « *quæ temporalia sunt ad agendum, per-
petua sunt ad excipiendum.* »

Nos anciens auteurs partageaient cette opinion : « si le crime,

(1) V. Cousturier, n° 87 — Brun de Villeret, n° 362 — Garraud, *Précis*, n° 845 — Normand, *Traité*, n° 937

(2) Paris, 24 février 1855 (S. 55-2-409) ; Nancy, 14 décembre 1883 (S. 84-2-157). Cass. 16 décembre 1889 (S. 91-1-108).

dit Jousse (just. crim. t. 1, p. 604), est opposé par forme d'exception, comme dans le cas où il s'agirait d'une donation ou d'un legs fait à l'auteur de l'homicide par l'homicidé, que l'on attaquerait comme fait à une personne indigne, alors l'action civile procédant du crime ne se prescrit pas par vingt ans, suivant cette maxime *quæ temporalia sunt*... (V. également Dunod, part. II, chap. IX, p. 193).

Il ne s'agit pas, en effet, dans ce cas, de l'exercice d'une action civile, mais bien d'un moyen de défense opposé à la réclamation de l'adversaire. Or, la défense est de droit naturel et dure aussi longtemps que l'action qu'elle a pour objet de repousser. « Tant dure l'action, tant dure l'exception ». (1).

Ainsi, il n'y a pas de temps limité pour s'inscrire incidemment en faux contre une pièce produite, bien que le temps de la prescription de l'action de faux principal fût écoulé (2).

De même, une personne poursuivie en exécution d'une prétendue obligation qu'on aurait obtenue contre elle au moyen de menaces ou d'une escroquerie, pourrait toujours se défendre en prouvant les manœuvres frauduleuses dont elle aurait été victime, et éviter de payer lorsqu'on lui présenterait, par exemple, un titre extorqué, ou un blanc-seing dont on aurait abusé (Normand, n° 935).

Tant qu'on ne poursuit pas l'exécution d'une convention délictueuse, pourquoi en demanderais-je la nullité ? N'est-il pas permis de penser qu'on renonce à cette exécution ?

---

(1) Aubry et Rau, *Droit civil*, t. 8, § 771 — Sourdat, t. 1, n° 409 — Brun de Villeret, n° 347 — Faustin Hélie, t. 3, p. 796 — Bertauld, p. 558 — Haus., n° 995.

(2) Limoges 7 avril 1827 (S. 28-2-336) ; Cass. 25 mars 1829 (D. 29-1-199).

Pourquoi agir tant que je ne serais pas troublé dans une prétention injuste ? La défense doit toujours être permise.

On comprend d'ailleurs que si la prescription de l'action criminelle pouvait avoir pour résultat de donner force obligatoire à un traité ayant le caractère de délit, il serait trop facile de déjouer la prudence de la loi, puisqu'il suffirait le plus souvent à la partie, qui voudrait tirer profit d'un pareil traité, d'attendre l'expiration de trois années nécessaires, à l'accomplissement de la prescription, pour exiger l'exécution du traité et en recueillir les avantages.

M. Cousturier (n° 85) pense, avec raison, que ce serait fausser le sens et l'esprit des dispositions des art. 637, 638 et 640 que de permettre à celui qui attaque, de s'en prévaloir pour paralyser les moyens de défense de son adversaire.

Mentionnons, en terminant l'étude de ce chapitre, que la prescription de l'action civile aura encore pour effet de faire supporter par le demandeur les dépens de l'instance. Les juges ayant déclaré l'action prescrite, le défendeur ne peut pas être condamné, et par application de l'art. 130 C. proc. civ., la partie demanderesse sera condamnée aux frais.

DEUXIÈME PARTIE

Délais de la prescription de l'action civile

Après avoir établi les caractères de l'action civile et constaté l'identité de prescription des actions publique et civile, nous devons examiner la durée des divers délais par lesquels s'accomplira la prescription, leur point de départ et les causes qui peuvent l'augmenter.

Avant d'aborder les dispositions légales qui ont fixé cette durée, observons que les délais de la prescription sont essentiellement arbitraires et se modifient suivant les temps, les mœurs et les besoins sociaux ; les variations qu'ils ont subies dans le passé suffisent à le démontrer. Rien de plus naturel et de plus légitime, d'ailleurs, que ces changements devenus nécessaires par suite des diverses circonstances que nous venons d'indiquer.

CHAPITRE Ier

DURÉE DES DÉLAIS

Pour étudier la durée des délais de la prescription de l'action civile, il est nécessaire de faire une distinction suivant que cette action dérive d'infractions prévues et punies par le Code pénal, ou d'infractions prévues par des lois spéciales.

SECTION Ire

Prescription prévue par le Code d'instruction criminelle

Le législateur de 1808, faisant disparaître les inconvénients que présentaient les législations précédentes au point de vue du délai unique, fixe et immuable de la prescription de l'action, en a fait varier la durée suivant la gravité de chacun des trois groupes d'infractions prévus par le Code pénal.

En effet, aux termes des art. 637, 638 et 640 C. inst. crim., l'action civile se prescrit par dix ans, trois ans ou un an, suivant qu'elle résulte d'un crime, d'un délit ou d'une contravention. Ainsi le délai de la prescription, considéré indépendamment de tout évènement qui viendrait en interrompre le cours, est clairement fixé par les textes que nous venons de signaler, selon la nature du fait incriminé.

La rédaction de l'art. 637 « L'action publique et l'action civile résultant d'un crime de nature à entraîner la peine de mort ou des peines afflictives perpétuelles ou de tout autre crime emportant peine afflictive ou infamante... » a été sévèrement jugée. Boitard (*Leçons de droit criminel*, n° 318), notamment, l'a qualifiée d'éminemment vicieuse. « Il est évident, dit-il, qu'il n'y a dans ces lignes qu'un pléonasme inutile et qu'il aurait suffi de dire que l'action publique et l'action civile résultant d'un crime se prescrivent par dix années révolues. Tout ce que la loi ajoute est une énumération fort déplacée des circonstances qui constituent le crime. »

Sans nous arrêter à la justesse de cette remarque, nous pensons qu'un plus grave reproche pourrait être fait au législateur, bien que son œuvre marque un sérieux progrès sur les lois antérieures.

La durée de la prescription est, en effet, indistinctement la même pour toutes les infractions quelconques de chaque catétégorie : crimes, délits ou contraventions, sans qu'il soit tenu compte ni de leur gravité respective ni de la quotité et même de la nature des peines encourues par leurs auteurs. Mais, il faut l'avouer, il était bien difficile d'édicter une prescription particulière pour chaque délit et de mesurer exactement le délai applicable à chaque infraction, suivant son propre degré de criminalité.

D'ailleurs ce reproche a surtout trait à l'action publique. Le préjudice subi par la partie lésée ne varie pas nécessairement, comme la peine, avec le plus ou moins grand degré de culpabilité.

Quoiqu'il en soit, et lorsque l'action publique n'a pas été mise en mouvement, il appartient à la juridiction civile, saisie de l'action civile, de déterminer le caractère du fait délictueux pour le soumettre à la prescription applicable. L'acte dont la partie lésée demande réclamation est-il puni de peines criminelles, l'action sera prescrite après l'expiration du délai de dix ans ; n'est-il puni, au contraire, que de peines correctionnelles ou de simple police, l'action en dommages-intérêts ne se prescrira que par le délai de trois ans ou d'un an.

Si l'action civile n'est exercée qu'après le jugement sur l'action publique, nous savons que la juridiction civile est alors liée par la chose jugée au criminel. Mais précisément, des difficultés peuvent surgir lorsque la qualification du fait n'est pas en rapport avec la peine prononcée.

Ainsi quelle est la prescription applicable lorsque, par l'effet de l'admission des circonstances atténuantes, l'infraction, qui a donné naissance à l'action civile, et qui constituait un crime, a été punie de peines correctionnelles seulement, ou lorsqu'un délit n'est réprimé que par des peines de simple police ? Nous croyons qu'il ne faut pas hésiter à déclarer applicable, même dans ce cas, la prescription de dix ans ou de trois ans des art. 637 et 638 C. inst. crim. C'est l'opinion de la Cour de cassation (1). « Attendu, est-il dit dans un arrêt du 30 mai 1839 (Bull. n° 168), que l'art. 1ᵉʳ C. pén. sur la classification des crimes et délits, ne contient qu'une définition générale qui est sans influence sur l'appréciation des circonstances atténuantes introduites dans la législation pénale par les réformes de 1832 ; attendu que l'admission des circonstances atténuantes atténue la peine et la culpabilité sans changer la qualification du fait, et qu'aucune disposition de la loi n'assimile ces circonstances atténuantes à la négation des circonstances constitutives des crimes, et ne les fait descendre dans la catégorie des délits correctionnels ».

(1) Cass. 17 janvier 1833 (S. 33-1-413) ; 18 avril 1834 (Bull. n° 113) ; 11 avril 1839 (S. 39-1-776) ; 1ᵉʳ mars 1855 (S. 55-1-319).

En effet, le caractère de chaque infraction est déterminé d'après la dénomination que lui attribue le Code pénal. Suivant qu'elle appartient à l'une des trois catégories prévues par l'art. 1er, elle est qualifiée crime, délit ou contravention. Il en résulte que le fait incriminé conserve toujours la qualification que le législateur lui a donnée en indiquant la peine qui est attachée à cet acte ; et si, par une circonstance particulière, cette peine est modifiée, ce changement n'implique pas une variation dans la nature de l'acte délictueux.

MM. Faustin Hélie (t. 3 p. 688) et Cousturier (n° 113) ont repoussé cette doctrine. Ces criminalistes posent en principe, contrairement à notre opinion et à celle de la majorité des auteurs, que la qualification d'un fait se tire de la peine appliquée ou applicable à ce fait, tel qu'il s'est produit avec toutes ses circonstances atténuantes, et non de la peine qui lui serait applicable, abstraction faite de ces mêmes circonstances.

Ce système aurait, dans la pratique, des inconvénients graves. Lorsque, par exemple, l'accusé est déclaré coupable par le jury, mais avec des circonstances atténuantes, d'un crime emportant la peine des travaux forcés à temps, la cour peut appliquer la peine de la réclusion ou les dispositions de l'art. 401 C. pén. Or, si trois ans s'étaient écoulés depuis que le fait a été commis, la Cour ne pourrait qu'appliquer la peine de la réclusion ou mettre le coupable en liberté, c'est-à-dire lui assurer l'impunité. Les magistrats préféreraient, le plus souvent, ne pas faire profiter l'accusé de l'abaissement, facultatif, d'un degré dans l'échelle des peines, que leur accorde la loi.

Cependant, et contrairement à l'opinion admise par la

plupart des auteurs (1) et par notre jurisprudence, les tribunaux belges décident que les délits mitigés par l'application des circonstances atténuantes sont soumis à la prescription des infractions de simple police.

Une infraction criminelle peut être punie de peines correctionnelles par suite de la minorité de seize ans de l'accusé. L'action obéira-t-elle à la prescription de dix ans établie pour les crimes, ou sera-t-elle soumise à la prescription triennale de l'art. 638 ?

La Cour de cassation décide uniformément que le crime commis par un mineur de seize ans se prescrit par trois ans (2) « Attendu, porte l'arrêt du 12 août 1880, qu'aux termes de l'art. 68 C. pén., le crime commis par un mineur de seize ans n'ayant pas de complices présents au-dessus de cet âge et qui n'emporte ni la peine de mort, ni celle des travaux forcés à perpétuité, ni celle de la déportation ou de la détention, rentre dans la compétence des tribunaux correctionnels et n'est passible que des peines correctionnelles ; qu'aux termes de l'art. 638, la durée de la prescription de l'action est réduite à trois années révolues s'il s'agit d'un délit de nature à être puni correctionnellement ; que de l'art 1er C. pén. il résulte que c'est la peine seule qui détermine la qualification d'un acte délictueux ; que cet article déclare que l'infraction, que les lois punissent de peines correctionnelles, est un délit ;

(1) Villey, *Précis* p. 237 ; Bertauld, p. 621 ; Le Sellyer, t. 2, n° 544 ; Brun de Villeret, n° 195 ; Garraud, *Traité*, t. 2, n° 61 ; Laborde, *Cours élémentaire de droit criminel*, p. 519 ; Normand, p. 119.

(2) Cass. 22 août 1841 (Bull. n° 153) ; 25 août 1864 (S. 65-1-101) ; 10 décembre 1869 (S. 70-1-231) ; 12 août 1880 (S. 81-1-385).

d'où il suit que la prescription applicable à une poursuite dirigée contre un mineur de seize ans, passible de peines correctionnelles, est celle de l'art. 638 sus visé, c'est-à-dire celle de trois ans. »

Bien que nous approuvions la solution de la Cour suprême, nous pensons qu'elle se justifie par d'autres moyens que l'attribution faite, dans certains cas, aux tribunaux correctionnels, des crimes commis par des mineurs de seize ans. La juridiction à laquelle un fait est déféré ne peut avoir aucune influence sur ses qualifications et, par conséquent, sur la prescription dont il est susceptible. En effet, la juridiction correctionnelle est fréquemment appelée à connaître de simples contraventions (art. 192 C. inst. crim.), la Cour d'assises, de simples délits (art. 365 C. inst. crim.) D'ailleurs, s'il avait des complices majeurs, le mineur de seize ans serait traduit devant le jury ; dès lors, comment cette circonstance, toute fortuite, aurait-elle une si capitale influence sur la prescription, les faits restant les mêmes ? N'est-il pas singulier de prétendre que le même fait peut, à la fois, constituer un crime et un délit, du moins en ce qui touche la prescription applicable ?

C'est ici que certains criminalistes s'écartent du système de la jurisprudence. Sans doute, disent-ils, il faut s'attacher à la nature de la peine, mais de la peine portée par la loi d'une manière générale contre l'infraction reconnue constante et non pas de la peine prononcée contre tel agent à raison des circonstances spéciales et contingentes. Il faut distinguer, en effet, dit M. Villey (1), la criminalité objective qui exprime la gravité sociale du fait, de la criminalité subjective qui exprime

(1) Note sous cass. 12 août 1880. (S. 81-1-385).

le degré de culpabilité de l'agent ; la prescription doit se déterminer par la criminalité objective. Observons la disposition de l'art. 1er C. pén. « L'infraction que les *Lois* punissent de peines de police est une contravention ; l'infraction que les *Lois* punissent de peines correctionnelles est un délit ; l'infraction que les *Lois* punissent de peines afflictives et infamantes est un crime. » Ne résulte-t il pas de ce texte qu'il ne faut s'attacher qu'à la peine prononcée par les *Lois*, c'est-à-dire à la criminalité objective ? L'art. 68 C. pén. ne vient-il pas, au surplus, corroborer l'opinion contraire à celle de la Cour de cassation, lorsqu'il porte que « L'individu âgé de moins de seize ans, qui n'aura pas de complices présents au-dessus de cet âge et qui sera prévenu de *crimes...* » (1)

Malgré ces considérations, nous persistons à penser que la prescription triennale est applicable au crime commis par un mineur de seize ans, lorsque cette infraction est punie de peines correctionnelles. S'il est vrai, en effet, que l'art. 1er C. pén. détermine la nature de l'infraction d'après la peine portée par les lois, il n'est pas moins vrai que c'est le législateur lui-même qui a modifié le droit commun pour le cas où un crime a été commis par un mineur de seize ans, ayant agi avec discernement ; dès lors, la prescription de l'art. 638 C. inst. crim. doit, seule, régir les infractions dont nous nous occupons.

Mais, objecte-t-on encore, pour être logique, il faudra décider que la prescription triennale est également applicable

(1) Brun de Villeret, n° 137 ; Rodière, p. 40 ; Le Sellyer, t. 2 n° 544 ; Bertauld, p. 622 ; Angers, 3 déc. 1849 (S. 50-2-289) ; Chaumont, 8 mars 1856 (S. 56-2-47).

au cas où un fait criminel est puni de peines correctionnelles par l'effet des circonstances atténuantes.

Cet argument ne doit pas nous arrêter, car il est facile
de percevoir la différence qui existe entre le cas où l'acte
incriminé est réprimé de peines correctionnelles par l'effet
d'une excuse, et le cas où ce résultat est obtenu par
suite de l'admission des circonstances atténuantes. Celles-ci,
au contraire des excuses légales, sont indéfinies et illimitées ;
le législateur ne peut les prévoir d'avance, car le juge les
puise partout où il veut ; il pourrait même baser les circonstances atténuantes sur la seule rigueur de la peine.

Or, c'est le Code pénal, lui-même, qui détermine limitativement les cas d'excuse et l'influence de la minorité de seize ans
sur la pénalité.

Si le fait, qualifié crime, n'est puni de peines correctionnelles que par suite de l'admission des circonstances atténuantes, comme il s'agit là d'une cause d'atténuation *judiciaire*,
laissée complètement à l'appréciation du jury et des juges, la
prescription décennale doit recevoir son application.

Observons que les dispositions des art. 637, 638 et 640 C.
inst. crim. formant le droit commun de la matière, sont applicables aux infractions prévues par des lois particulières lorsque
ces lois ne s'occupent pas de la prescription.

SECTION II

Prescriptions particulières

Les règles générales du Code d'instruction criminelle, sur
la fixation du temps requis pour prescrire, souffrent exception
à l'égard de certaines infractions prévues par des lois spéciales.

L'art. 643 porte, en effet : « Les dispositions du présent
« chapitre ne dérogent point aux lois particulières relatives à
« la prescription des actions résultant de certains délits ou de
« certaines contraventions. »

Ce texte ne s'applique qu'aux infractions sur lesquelles des
lois particulières avaient statué au moment de la promulgation
du Code d'instruction criminelle, si ces lois sont restées en
vigueur.

Quant aux lois postérieures qui ont établi des délais particuliers pour la prescription des actions relatives à certains délits,
leurs dispositions doivent être appliquées sans difficulté.

Ces lois spéciales ont abrégé les délais du Code d'instruction
criminelle parce qu'elles se réfèrent, en général, à des faits
peu importants pour la prescription desquels l'application du
droit commun aurait eu de graves inconvénients.

Certaines infractions sont encore régies par des lois antérieures à la promulgation du Code d'instruction criminelle et
du Code pénal. C'est ainsi que certaines contraventions, prévues
par quelques dispositions toujours en vigueur du Code rural
des 28 septembre - 6 octobre 1791, continuent à se prescrire
par le délai d'un mois, prévu dans l'art. 8 (section VII, titre Ier)
de cette loi. Il y a donc un grand intérêt à ne pas confondre
ces infractions avec celles visées par le Code pénal de 1810
(art. 471 et 475-10°), puisque l'action civile qui en résulte
dans ce dernier cas, pourra être exercée pendant un an, conformément à la règle générale écrite dans l'art. 640 C. inst.
crim.

La jurisprudence a fait souvent l'application de ce principe.
Ainsi, il a été décidé par la Cour de cassation dans un arrêt
du 7 novembre 1885 (S. 87-1-340) que le fait de laisser à

l'abandon des animaux sur le terrain d'autrui constitue le délit rural prévu soit par l'art. 12, titre II, de la loi précitée du 28 septembre - 6 octobre 1791, soit par l'art. 2 de la loi du 23 thermidor an IV, et que les art. 471 et 475, § 10 Code pénal, sont applicables dans l'espèce.

On ne peut s'empêcher de remarquer que cette dualité de législations, en ce qui concerne les contraventions rurales, conduit à des résultats étranges, puisque certaines infractions de même nature, occupant le même degré dans l'échelle pénale, sont soumises à des prescriptions différentes.

Depuis la promulgation du Code d'instruction criminelle, de nombreuses lois sont venues modifier les règles qu'il consacre, au point de vue de la durée de la prescription.

A l'égard des infractions prévues par le *Code forestier* de 1827, comme à l'égard de certaines autres matières spéciales, notamment de pêche fluviale, la durée de la prescription varie suivant qu'il y a eu, ou non, désignation des prévenus dans le procès-verbal dressé à l'effet de constater ces infractions. Dans le premier cas, les actions en réparation de délits et contraventions, en matière forestière, se prescrivent par trois mois, et dans le second cas, elles se prescrivent par six mois (art. 185 C. for.).

Mais les dispositions de cet article 185 ne sont relatives qu'à la prescription des actions en réparation d'infractions constatées par procès-verbaux.

Cependant, ces infractions peuvent être établies par témoins, conformément aux art. 175 et 178 C. for. Quelle sera, dès lors, la prescription applicable ? L'art. 185 ne prévoyant pas cette hypothèse, la loi générale doit reprendre son empire, et l'art. 638 C. inst. crim. doit être appliqué aux délits forestiers non constatés. C'est ainsi qu'il a été jugé que l'art. 185 C. for. n'exclut pas la prescription de trois ans à l'égard des délits non constatés ; la doctrine se prononce également en ce sens (1).

Il faut, du reste, remarquer que la constatation du délit, par un procès-verbal régulier, ne ferait pas revivre l'action si le délai fixé pour la prescription était écoulé au moment de sa rédaction. Mais si le procès-verbal avait été donné avant l'expiration du délai, ne fût-ce que la veille du jour où la prescription allait s'accomplir, le délai de trois ou six mois ne commencerait à courir qu'à dater du procès-verbal. L'art 185, en effet, applicable à la poursuite des infractions commises dans les bois non soumis au régime forestier (art. 189), ne fait courir le délai de la prescription qu'à compter du jour du procès-verbal, ce qui indique très nettement qu'il suffit que cet acte soit rédigé avant l'extinction de l'action pour la conserver pendant un nouveau délai de trois ou six mois, suivant les cas.

Les contraventions forestières commises au préjudice des particuliers et dont la peine n'excède pas cinq jours d'emprisonnement ou 15 francs d'amende, sont de la compétence exclusive des tribunaux de simple police (art. 190 C. for.) et, à défaut de procès-verbal, se prescrivent conformément au droit commun, par une année (art. 640 C. inst. crim.)

Ces mêmes contraventions, commises dans les bois soumis au régime forestier, sont cependant déférées aux tribunaux correctionnels, ainsi qu'il résulte de l'art. 171 C. for. Ce changement de juridiction n'empêche pas l'application de la prescription de trois mois ou de six mois s'il y a eu procès-verbal,

---

(1) Cass. 5 juin 1830 (S. 31-1-52) ; Curasson, op. cit., t. 2, p. 443 ; Mangin, *Traité de l'action publique et de l'action civile en matière criminelle*, t. 2, n° 333.

et de celle d'une année lorsqu'il n'y a pas eu de constatation (Cass. 24 mai 1850, *Bull. crim.* n° 171), et on doit considérer comme simples contraventions de police, prescriptibles par un an, les infractions forestières qui, bien que dévolues à la connaissance des tribunaux correctionnels, ne sont passibles que des peines de police, encore que les objets saisis soient passibles de confiscation, et quelle que soit la valeur de ces objets.

Remarquons que les délais des art. 638 et 640 C. inst. crim. redeviennent applicables lorsqu'il s'agit de contraventions, délits et malversations commis par des agents, préposés, ou gardes de l'administration forestière dans l'exercice de leurs fonctions (art. 186 C. for.).

D'après l'art. 224 C. for. (art. 225 depuis la loi du 18 juin 1859) « les actions, ayant pour objet des défrichements « commis en contravention à l'art. 219, se prescriront par deux « ans à dater de l'époque où le défrichement aura été commis. » Ce texte ne s'explique pas sur le point de savoir si cette prescription spéciale est applicable au cas où le délit a été constaté par un procès-verbal. Il a été jugé (1) que la prescription de trois mois, établie par l'art. 185 C. for., devait régir les infractions dont nous parlons, toutes les fois que le défrichement délictueux avait été constaté par procès-verbal, la prescription de deux ans ne pouvant être invoquée qu'en l'absence de cet acte. Cette opinion nous semble, en effet, devoir être suivie.

Indépendamment du Code forestier, nous devons mentionner les délais spéciaux fixés pour la prescription des actions publique et civile, en matière de pêche, de chasse, en matière électorale et en matière de presse.

(1) V. Grenoble, 13 février 1846 (S. 46-2-493) ;

La loi du 15 avril 1829 porte, dans son art. 62, que « les actions en réparation de délit, en matière de pêche, se prescrivent par un mois, à compter du jour où les délits ont été constatés, lorsque les personnes sont désignées dans les procès-verbaux. Dans le cas contraire, le délai de la prescription est de trois mois, à compter du même jour ».

En matière de délits de chasse, le législateur ne fait plus la distinction énoncée plus haut. L'art. 29 de la loi du 3 mai 1844 édicte, en effet, que toute action, relative aux délits prévus par cette même loi, sera prescrite par le laps de trois mois, à compter du jour du délit.

Pour les infractions en matière électorale, l'art. 50 du décret du 2 février 1852 dispose que « l'action publique et l'action civile seront prescrites après trois mois, à partir du jour de la proclamation du résultat de l'élection ».

En matière de presse, les délais de la prescription ont subi de nombreuses variations, suivant les époques et les circonstances politiques.

D'après l'art. 29 de la loi du 26 mai 1819, l'action civile survivait à l'action publique et se prescrivait par trois ans, alors que l'action publique, contre les crimes et délits commis par la voie de la presse ou par tout autre moyen de publication, durait six mois. Déjà un décret du 22 mars 1848 avait abrogé cette disposition. L'art. 27 du décret organique du 17 février 1852, portant que « les poursuites auront lieu dans les formes et délais prescrits par le Code d'instruction criminelle », il en résultait que la prescription de droit commun reprenait tout son empire et faisait cesser l'anomalie de la législation précédente, au point de vue de l'extinction des actions publique et civile (1).

On soutenait cependant (V. Rousset, *Codes annotés de la presse*, p. 153) que le décret de 1852 n'avait pas abrogé l'art. 29 de la loi de 1819. On argumentait, dans cette opinion, de l'art. 19 de la loi du 28 mars 1852, destiné à réglementer la presse en Algérie, qui renvoyait aux dispositions de l'art. 29 de la loi du 26 mai 1819 pour la prescription applicable aux crimes et délits commis par la voie de la presse. Mais c'est là une exception aux règles du droit commun qui s'expliquait d'autant mieux que le décret du 17 février 1852 était inapplicable à l'Algérie, ainsi que le déclarait son art. 36. Cette interprétation ne pouvait donc être accueillie.

Citons, avant d'arriver à la législation actuelle, l'art. 13 de la loi du 9 juin 1819, relative à la publication de journaux ou écrits périodiques, aux termes duquel la durée de la prescription était fixée à trois mois pour les contraventions prévues par les art. 7, 8, 11 de la dite loi, qui ont été remplacés par le décret de 1852.

Avec la loi du 29 juillet 1881, actuellement en vigueur, la prescription des actions résultant des infractions qu'elle prévoit ne soulève aucune difficulté, relativement à sa durée.

Rappelons que cette loi présente ce caractère essentiel d'avoir refondu, supprimé et remplacé les innombrables dispositions des lois antérieures sur la presse. Elle constitue, à elle seule, un code complet de la matière. L'art. 68 décide, en effet que, « sont abrogés les édits, lois, décrets, ordonnan-

---

(1) V. Cass. 23 février 1854 (*Bulletin criminel* n° 49); Metz 30 janvier 1856 (S. 56-2-523).

ces, arrêts, règlements,déclarations généralement quelconques, relatifs à l'imprimerie, à la librairie, à la presse périodique ou non périodique, etc... »

Le délai de la prescription est clairement fixé par l'art. 65, aux termes duquel « l'action publique et l'action civile résultant des crimes, délits et contraventions prévus par la dite loi se prescriront après trois mois révolus, à compter du jour où ils auront été commis, ou du jour du dernier acte de poursuites, s'il en a été fait. »

Cette prescription de trois mois ne s'applique qu'aux délits de publication prévus par la loi de 1881 et ne saurait être étendue aux délits de même nature, définis soit par le Code pénal, soit même par des lois spéciales ; l'énumération des crimes et délits qn'elle vise est limitative (1). Ainsi l'action civile résultant du délit de chantage, prévu par l'art. 400 al. 2 C. pén., se prescrit d'après les règles du droit commun, même si ce délit a été commis à l'aide de publications faites par la voie de la presse.

La loi du 30 juillet 1881, qui a réglementé le droit de réunion et puni toutes les infractions à ses dispositions de peines de simple police, a fait exception, au point de vue de la prescription, à la règle posée par l'art. 640 C. inst. crim. Elle limite, en effet, par son art. 11, à six mois la durée de la prescription des actions publique et civile qui peuvent en résulter.

Dans toutes ces prescriptions spéciales, le calcul des délais fixés par mois doit se faire date par date, suivant le calendrier

(1) Cass. 28 juillet 1883 (S. 85-1-458); Montpellier, 20 mai 1886 (S. 86-2-160) ; Cass. 7 janvier 1887 (S. 88-1-399) ; Lyon 16 nov. 1887 (D. 88-2-175)

grégorien, et non pas à raison d'autant de fois trente jours que la loi indique de mois (Nancy 28 janv. 1846, D 46-2-69 ; cass. 4 avril 1873, D 73-1-221).

CHAPITRE II

DU POINT DE DÉPART DE LA PRESCRIPTION

En ce qui concerne le point de départ de la prescription, le Code d'instruction criminelle a complètement abandonné le système du Code de 1791 et du Code de l'an IV, pour revenir aux principes de l'ancien droit. Aujourd'hui, en effet, comme dans notre ancien droit français, et à l'exemple du droit romain, la prescription court du jour même de la perpétration de l'infraction, et non plus du jour où l'existence du délit a été connue et légalement constatée.

La doctrine, consacrée par les lois de 1791 et de l'an IV, présentait de sérieux inconvénients ; le coupable avait peu de chance de bénéficier de la prescription qui, ainsi, ne le protégeait plus suffisamment ; il était, de plus, très difficile de connaître exactement la date à laquelle le délit avait été connu et constaté. Aussi le législateur de 1808 a-t-il, à bon droit, repoussé la théorie admise dans les lois précédentes.

L'art. 637 établit très nettement que la prescription de l'action civile commence à courir à compter du jour où le crime a été commis, et non pas seulement du jour où il a été connu.

L'art. 640, en modifiant simplement la durée de la prescription, reproduit cette règle en ce qui concerne les contraventions, et si l'art. 638, spécial aux délits, ne la répète pas, c'est que ce texte se réfère à l'art. 637.

Ainsi, le jour de la perpétration de l'infraction est le point de départ de la prescription. Telle est la règle générale qui ne peut fléchir que dans les cas formellement spécifiés par la loi. L'action pouvant être mise en mouvement à partir du moment que nous venons de déterminer, il est tout naturel que la prescription, qui est une exception à opposer à cette même action, prenne naissance au même instant.

Du reste, il importe peu que l'infraction soit restée inconnue pendant un certain temps ; la prescription n'en accomplit pas moins son œuvre ; le droit du coupable de se libérer des conséquences de l'action civile prend immédiatement naissance. Dans notre ancien droit où la prescription courait également du jour de la perpétration, la jurisprudence avait adopté cette solution. Merlin en indiquait ainsi la raison : « Le coupable des crimes cachés, est, comme celui des crimes connus, exposé aux agitations et aux craintes que la loi regarde, après vingt ans, comme une expiation suffisante du crime. Il y a d'ailleurs le même danger pour l'altération ou la perte totale des preuves qui peuvent établir l'innocence de l'accusé. Aussi, quoi qu'en disent quelques anciens docteurs (Boniface, t. 2, part. 3, liv. 1, tit. 15, ch. 2) on ne doit pas distinguer » (1).

D'ailleurs, le code d'instruction criminelle, en fixant d'une manière précise le point de départ de la prescription au jour de la perpétration de l'infraction, et en répudiant le système des codes de 1791 et de l'an IV, n'a fait aucune réserve pour les faits cachés.

Cependant, les règles posées dans ces deux lois peuvent encore recevoir leur application pour certains délits prévus

(1) Merlin, Rép. Vo. Prescription, sect. 3, § 7, art. 1, no 3.

par des lois spéciales qui font dépendre le point de départ de la prescription, soit du mode de constatation, soit d'une circonstance déterminée.

Ainsi, pour les délits forestiers constatés par procès-verbaux, la prescription ne commence à courir que du jour de la clôture du procès-verbal (V. art. 185, C. for. Cass. 31 août 1850, Bull n° 287).

De même, en matière de pêche, la prescription ne court qu'à dater du jour où ils ont été constatés. L'art. 68 de la loi du 15 avril 1829 rend, en effet, applicable aux actions civiles, la disposition de l'art. 62 (1).

Nous devons noter également l'art. 50 du décret du 2 février 1852, relatif à la prescription des infractions commises à l'occasion des opérations électorales, et aux termes duquel l'action civile se prescrit, comme l'action publique, par un délai de trois mois, à compter du jour de la promulgation du résultat de l'élection. (V. cependant Cass. 23 octobre 1886 ; S. 87-1-141).

En l'absence de toute disposition spéciale, c'est du jour même du délit que la prescription prend naissance, mais il faut que le délit soit entièrement consommé ; la prescription ne peut courir, en effet, tant que l'infraction ne s'est pas manifestée par tous les éléments qui la constituent, car, à défaut de

---

(1) Le gouvernement a proposé, par un récent projet de loi, une modification à ce texte ; mais le point de départ de la prescription n'est pas changé. Le projet se borne à faire cesser toute distinction entre le cas où les prévenus sont désignés dans les procès-verbaux et celui où ils ne sont pas. L'art. 62 serait ainsi conçu : « Les actions en réparation des délits se prescrivent par trois mois à compter du jour où ils ont été constatés ».

l'un de ces éléments, le fait délictueux n'existe pas encore et ne peut, par suite, servir de point de départ à la prescription.

Pour terminer l'examen des principes qui dominent la fixation du point de départ de la prescription, nous devons nous demander si le jour même où l'infraction a été commise doit être ou non compris dans le délai de la prescription.

Les deux modes de calcul ont leurs inconvénients : l'un réduit la durée de la prescription en deçà des limites légales ; l'autre l'étend au-delà. Les auteurs sont divisés sur cette question, et la jurisprudence a adopté les deux solutions.

Dans notre ancien droit, le jour à partir duquel une action était ouverte ou une prescription commencée ne devait pas être compris dans le délai de l'action ou de la prescription (1). Mais les textes du droit romain semblent comprendre le *dies a quo* dans le délai de la prescription.

En matière pénale, nous déciderons que le *dies a quo* sera compris dans ce délai, à moins d'un texte expressément contraire; les dispositions de la loi et les considérations tirées de la situation du coupable semblent bien commander cette interprétation.

Nous avons vu, en effet ; que du jour où une infraction, lésant des intérêts privés, est consommée, la partie civile a le droit de demander la réparation qui lui est due ; immédiatement, s'ouvre pour le coupable un droit concomitant, celui de se libérer des conséquences de cette action après un certain temps écoulé sans poursuites.

La prescription se calculant, comme en matière civile, par jours et non par heures *de die ad diem, non a momento ad*

_____

(1) Dumoulin, *Coût. de Paris* (tit. 1, § 10, n° 2).

momentum, il en résulte que le jour de l'infraction ne constituera qu'une fraction du jour pendant lequel la prescription aura couru, lorsque cette infraction aura été commise après la première heure du jour. La difficulté consiste à rechercher si cette fraction doit être calculée comme un jour entier.

Il est certain d'abord que la prescription court du moment de la perpétration de l'infraction, mais si, par suite de la volonté du législateur, le délai ne se compte pas *de hora ad horam*, l'agent doit pouvoir profiter de la faveur que lui accorde cette fiction légale.

On fait, à ce système, une double objection ; on prétend qu'en n'excluant pas le *dies a quo*, la prescription commencerait avant l'acte qui en fait l'objet, ce qui serait faire naître l'effet avant la cause ; on ajoute que le délai serait presque toujours diminué, car le législateur a voulu indiquer, par le mot jour, un intervalle de vingt-quatre heures et non une fraction de jour (1).

Mais, peut-on répondre, reconnaître, comme le fait la loi dans l'art. 2260 C. C., que la prescrition se compte par jours et non par heures, c'est bien dire implicitement que la fraction de jour, en ce qui concerne la prescription, doit être comptée pour un jour entier.

Du reste, on peut faire un reproche bien plus grand aux partisans de l'opinion que nous combattons ; ils arrivent, en effet, dans une matière très rigoureuse, à étendre arbitrairement le délai de la prescription. S'agit-il, par exemple, d'un délit prescriptible par trois mois, et commis le 1er janvier, si le *dies a quo* ne fait pas partie du délai, la prescription ne sera

(1) V. Trébutien, *Droit criminel*, t. 2 p. 148.

accomplie que le 1er avril, à minuit, et comme le délit a pu
n'être commis qu'au milieu de la journée, le laps de temps
écoulé, depuis sa perprétation, aura été, non plus de trois
mois, mais de trois mois augmentés d'une ou plusieurs heures. Ce résultat paraît contraire à cette règle élémentaire du
droit pénal, savoir, que, dans le doute, le coupable a toujours
droit à l'interprétation la plus douce.

Il ne faut pas oublier, du reste, que le législateur voit avec
faveur la prescription criminelle et que l'on ne doit pas en
gêner arbitrairement l'exercice.

Et la solution, à laquelle nous conduisent les principes que
nous venons de signaler, se trouve confirmée par l'examen
des art. 637 et 640 C. inst. crim. En effet, que disent ces textes ? que l'action publique et l'action civile se prescrivent à
compter du jour où les infractions qu'ils prévoient ont été
commises. Ces expressions semblent bien comprendre dans
leur sens grammatical, le *dies a quo*. « Quand les art. 637 et
640 s'écrie avec raison, M. Mangin (op. cit. p. 319), portent
que l'action se prescrit à compter du jour du crime ou de la
contravention, ils ne disent pas assurément que c'est à compter du lendemain. »

M. Cousturier (op. cit. n° 100), dans une argumentation
fort spécieuse, s'efforce de démontrer que les expressions « à
compter du » sont prises par le Code d'instruction criminelle,
dans un sens exclusif, et pour l'établir, il se fonde sur des
exemples tirés des art. 135, 205 et 425 du même Code.

Mais, peut-on répondre, lorsque ces expressions ne com-
prennent pas le *dies a quo*, les termes mêmes de la loi indiquent que ce jour ne doit pas être calculé dans le délai. Du
reste, en général, lorsque le législateur a voulu exclure le *dies*

a quo, il évite de se servir des expressions « à compter du », « à partir du » et indique son intention en termes formels ; l'art. 203 C. inst. crim. en est un exemple ; on pourrait aussi citer l'art. 373.

Il est vrai que c'est la considération du principe d'indivisibilité entre les deux actions publique et civile qui empêche M. Cousturier d'admettre le *dies a quo* dans le calcul du délai de la prescription. « Les intérêts de la partie lésée, dit-il, méritent des égards, et la faveur qu'on accorderait au prévenu serait, envers elle, une rigueur qui deviendrait surtout sensible dans les prescriptions de courte durée. »

Ce motif ne saurait modifier une interprétation basée sur les principes du droit pénal ; d'ailleurs l'action publique et l'action civile sont soumises aux mêmes règles, au point de vue de la prescription ; le point de départ ne varie pas et ne peut varier selon qu'il s'agit de l'une ou l'autre action.

L'opinion que nous soutenons est conforme à celle de la majorité des auteurs (1) ; un parti important dans la doctrine admet, cependant, que le *dies a quo* ne doit pas être compté dans le calcul du délai de la prescription, et la jurisprudence actuelle se prononce en faveur de ce dernier système (Cass. 10 janvier 1845, D. 45-1-87 ; 2 février 1865, D. 65-1-241 ; 4 avril 1873, D. 73-1-221).

La Cour de Paris avait, toutefois, décidé formellement que

(1) Le Sellyer, t. 2 n° 516 ; Morin, *Répertoire. Droit criminel* V° chasse n° 37 ; Hoorbecke. *Traité de la prescription en matière criminelle* p. 176 ; Faustin Hélie, t. 3, p. 704 ; Garraud, *Traité*, t. 2, n° 63 ; Laborde, n° 872 ; Normand, n° 919 ; Sourdat, t. 1, n° 385, outre les autorités déjà citées — *Contra* : Merlin, *Rép.* V° *chasse* § 5, n° 2 ; Villey, p. 252 ; Ortolan, t. 2, n° 1859 ; Trébutien, t. 2, p. 148 ; Cousturier, p. 100.

le jour du délit, le *dies a quo* devait être compris dans le délai de la prescription (Paris, 7 février 1843, S. 43-2-134).

En matière de délits forestiers, un arrêt de la Cour de Pau, du 24 janvier 1857 (S. 57-2-381) et un autre arrêt de la Cour de Grenoble, du 13 janvier 1859 (S. 59-2-136), avaient également jugé dans le même sens.

Après avoir examiné la fixation légale du point de départ de la prescription, il est intéressant d'en faire l'application à certaines infractions.

En général, l'infraction, atteinte par la loi pénale, se manifeste par un acte instantané, c'est-à-dire prenant fin aussitôt qu'il est accompli ; la détermination du point de départ de la prescription de l'action, qui en découle, ne présente alors aucune difficulté.

Mais il est une classe de délits qui ne se consomment pas instantanément, qui se prolongent, au contraire, et se continuent sans interruption par une série de faits de même nature dont chacun constitue une infraction, de sorte que l'agent se trouve pendant plus ou moins longtemps en état de délit. Les criminalistes désignent ces infractions sous le nom de délits successifs ou, mieux, continus, car le mot successif semble dire à tort qu'il y a une série de délits se succédant sans interruption, alors qu'en réalité il n'y en a qu'un seul.

Ces délits ne doivent pas être confondus avec une autre sorte d'infractions que les commentateurs ont appelées collectives ou d'habitude, par opposition aux infractions simples. Cette dernière classification se réfère à des délits qui ne sont constitués que par la répétition, la réunion de plusieurs faits du même genre, de façon à révéler chez leur auteur

des habitudes mauvaises. Nous examinerons successivement ces diverses situations.

Lorsqu'il s'agit de délit continu ou successif se perpétuant par une série de faits permanents, l'action civile comme l'action publique, ne peut commencer à se prescrire que lorsque ce délit a pris fin par un état de choses contraire. En effet, la prescription ne court pas pendant que les infractions se commettent et le délit continu n'est consommé que lorsqu'il a pris fin. Bien qu'il soit vrai de dire qu'à quelque moment qu'on considère l'agent, on peut le poursuivre à raison des faits commis, néanmoins ces divers actes ne constituent dans leur ensemble qu'un seul délit plus ou moins prolongé, restant en état de permanence tant que dure le fait incriminé.

La fixation du point de départ de la prescription ne donne lieu, en elle-même, à aucune contestation (1), mais son application soulève des difficultés.

Dans notre législation pénale, il n'existe qu'un petit nombre d'infractions rentrant dans la classification dont nous parlons.

Nous rangerons dans cette catégorie le délit de séquestration illégale ou détention arbitraire. Sans doute, l'infraction existe dès l'instant que la victime est détenue arbitrairement, mais elle se prolonge tant que cette personne n'a pas été mise en liberté ; l'acte coupable se renouvelle donc, à chaque instant, identique à lui-même, et la prescription ne commence à courir que lorsqu'il a cessé. Il est si vrai que le délit ne consiste pas seulement dans le fait d'arrestation ou de séquestration arbitraire, que la loi subordonne la durée et la

(1) Cousturier, *op. cit.* n° 105 ; Haus, t. 2, n° 1 337 ; Ortolan, t. 2, n° 748 ; Laborde, n° 873 ; Garraud, *Précis*, n° 417 *et Traité* t. 2, n° 63 ; Sourdat, t. 1, n° 384.

gravité des peines, qu'elle inflige à ce genre de délits, à la durée de la détention ou de la séquestration illégale (art. 341, 342, 343 C. pén.) V. Dalloz Rép. V°. Prescription criminelle n° 60 ; Faustin Hélie, t. 3, p. 705.

Des difficultés ont surgi en ce qui concerne la détermination du point de départ de la prescription de l'abus de blanc-seing, dont l'art. 407 C. pén. fait un délit si le blanc-seing a été confié à celui qui en abuse, et un crime s'il ne lui a point été confié. L'infraction est-elle consommée dès que le blanc-seing est rempli et indépendamment de l'usage qui peut en être fait postérieurement?

Et d'abord, l'art. 407 C. pén. est conçu en ces termes : « Quiconque, abusant d'un blanc-seing, aura frauduleusement écrit au-dessus une obligation ou décharge... » Il semble bien résulter de ce texte que l'abus de blanc-seing est constitué par l'inscription frauduleuse de l'obligation ou de la décharge, sans qu'il soit besoin de se préoccuper de l'usage que le coupable peut en faire. Sans doute, il faut que l'intention frauduleuse apparaisse et elle ne peut résulter que de la volonté de s'en servir, mais il est certain que le délit est consommé dès que l'inscription, visée par l'art. 407 C. pén., est opérée; le texte est bien formel.

La Cour d'Orléans a méconnu ces principes dans un arrêt du 24 août 1840 (S. 40-2-423), en décidant que le délit d'abus de blanc-seing ne consiste pas seulement dans le fait matériel d'avoir écrit, au-dessus de la signature librement confiée, une obligation pouvant compromettre la fortune du signataire ; qu'il faut encore qu'à ce fait se joigne la preuve de l'intention frauduleuse de celui qui a écrit la convention fausse; que l'usage de cette convention, en révélant l'intention frauduleuse de celui qui l'a écrite, est véritablement l'acte qui donne l'existence au délit jusqu'alors imparfait.

Cette décision contient une confusion évidente. Sans doute, l'usage peut servir à établir la fraude, et c'est de ce fait que résultera le plus souvent l'intention criminelle, mais rien n'indique que cet usage soit un élément de l'infraction ; les dispositions de l'art. 407 C. pén. résistent à une semblable interprétation (V. Chauveau et Faustin Hélie, *Théorie du Code pénal*, t. V, p. 406).

Nous conclurons, avec la jurisprudence de la Cour de cassation, en disant qu'il n'est pas exact « que le délit d'abus de blanc-seing se perpétue, se renouvelle par les divers faits d'usage de l'écrit frauduleux » (1). Ce n'est pas un délit successif.

Chaque fait d'usage est un crime ou un délit distinct qui se prescrit du jour de sa perpétration. Dès lors, nous ne pouvons qu'approuver un arrêt de la Cour de cassation du 5 janvier 1883 (D. 83-1-366), jugeant que la prescription n'est pas accomplie lorsque moins de trois ans se sont écoulés entre le dernier fait d'usage de la convention frauduleuse et le premier acte des poursuites.

A l'égard d'un certain nombre d'infractions, il est facile de dire si elles sont continues ou instantanées. Mais pour d'autres délits il n'est pas toujours aisé de distinguer les éléments constitutifs du délit des faits qui n'en sont que la suite et les conséquences. On peut se demander si le délit est accompli au moment même de sa perpétration, ou s'il ne reçoit son

---

(1) Cass. 11 mars 1825 (S. 26-1-45).

complément que de ses suites souvent éventuelles, et qui ne sont pas réalisées au moment où il a été commis.

Pour nous, le délit est consommé au moment même où s'est produit le fait incriminé. Dès ce jour, il a reçu sa pleine exécution et la prescription commence à courir. Ainsi, la prescription de l'action civile, intentée par les représentants de la victime du délit d'homicide par imprudence, commencera à courir du jour où a eu lieu l'accident qui a occasionné la mort et non point du jour du décès.

De même, quel est le point de départ de la prescription, en matière de dénonciation calomnieuse ? Doit-on le fixer au jour de la dénonciation ou bien du jour où cette dénonciation a été jugée calomnieuse ?

Ce délit, prévu et puni par l'art. 373 C. pén. se compose, outre le fait même de dénonciation, de deux éléments essentiels : la fausseté des faits dénoncés et la mauvaise foi du dénonciateur.

La Cour de cassation a décidé, par arrêt du 6 août 1825 (1) que la prescription commence à courir, non du jour où la dénonciation a été faite, mais du jour de la décision qui l'a reconnue calomnieuse : « Attendu, porte cet arrêt, que les dispositions des art. 637 et 638 C. inst. crim. ont eu pour objet de donner à la prescription un point de départ fixe et d'en abréger les délais, mais que leurs dispositions ne peuvent s'appliquer qu'aux infractions dont la criminalité est, pour ainsi dire, notoire et actuelle, et non à celles dont la criminalité est, en quelque sorte, éventuelle ; que, d'ailleurs, l'intérêt de la société et de la justice commande que la pres-

(1) Bull. crim. n° 151 et Dalloz, *Rép.*, V°. *Prescrip. crim.* n° 72.

cription, en matière de dénonciation calomnieuse, ne commence à courir que du jour où la dénonciation a été reconnue calomnieuse, et non du jour où elle a été faite. » (1).

Nous ne pouvons pas admettre, cependant, qu'il y ait, dans le délit de dénonciation calomnieuse, un empêchement à ce qu'il puisse être prescrit à dater de sa perpétration, puisque l'infraction est entièrement consommée du jour de la dénonciation.

Sans doute, la dénonciation n'est pas, par elle-même, un délit, mais la vérification des deux éléments, qui la rendent punissable, n'a d'autre but que de lui donner ou lui enlever son caractère de culpabilité. Le jugement qui statue sur les faits imputés ne change rien à ces faits : la calomnie existe avant la décision qui la constate. Ce n'est pas par un acte postérieur, imputable à l'agent, que la dénonciation devient punissable. La criminalité n'est nullement éventuelle, comme le dit la Cour suprême, elle ne dépend pas d'une condition qui ne serait pas encore réalisée, puisque la fausseté des faits énoncés existe au moment même de la dénonciation (2).

« S'il est vrai, dit avec raison M. Cousturier, que les art. 637 et 638 ne peuvent s'appliquer qu'aux faits dont la criminalité est notoire, il faudrait en excepter tous les délits qui ont l'apparence d'un fait licite, tous ceux qui sont restés cachés et l'on ferait revivre le principe abrogé du Code de brumaire, d'après lequel la prescription ne commençait qu'à compter du jour où l'existence du délit était connue et légalement constatée ».

(1) V. également Cass. 6 février 1857 (D. 57-1-133).

(2) En ce sens : Haus (t. 2, n° 1348) ; Cousturier n° 96 ; Brun de Villeret n° 189 ; Dalloz, Rép. (loc. cit.)

Le système de la Cour de cassation est cependant admis, non sans quelque hésitation, par deux criminalistes (2).

M. Vazeille observe cependant qu' « On est peut-être allé trop loin en décidant que la prescription ne doit courir que du jour où la demande a été reconnue calomnieuse ; que la calomnie existe avant le jugement qui la démontre ; et que dès qu'elle est rendue publique, elle produit un effet préjudiciable à la personne dénoncée, qui peut aussitôt chercher le dénonciateur pour lui demander réparation ».

Quant à M. Mangin, il se fonde, pour soutenir l'arrêt de la cour de cassation, sur ce que l'individu dénoncé est hors d'état de poursuivre le dénonciateur tant que l'autorité compétente n'a pas statué sur l'existence des faits et qu'il peut arriver que la partie lésée n'ait connaissance que très tard de l'existence de la dénonciation et du nom du dénonciateur.

Cette considération ne saurait ébranler le système que nous soutenons ; de deux choses l'une, en effet, ou bien la dénonciation est poursuivie par le ministère public, et la partie lésée peut, dès lors, intervenir dans une poursuite qu'elle ne pourra ignorer ; ou bien une instruction aura été provoquée sur les faits dénoncés, et, dans ce cas, la personne victime de la dénonciation aura le droit, pendant tout le cours de l'instruction, de se faire indiquer le nom du dénonciateur (V. Merlin Rép. V° calomnie p. 328), et, par suite, de le traduire devant les tribunaux, sans avoir besoin d'attendre le résultat des poursuites.

Une opinion intermédiaire est enseignée par Le Sellyer (t. 2, n° 472). Il approuve la jurisprudence en ce qui concerne

(2) Vazeille, *Prescription*, n° 652 ; Mangin (t. 2, n° 330).

l'action publique naissant du délit et appartenant au ministère public ; mais il prétend que la prescription à l'égard de la personne dénoncée court du jour où le délit de calomnie a été commis, si, dès ce jour, la personne dénoncée a connu son dénonciateur ; si elle ne l'a connu que postérieurement, la prescription ne courra que du jour où le nom du dénonciateur lui aura été révélé.

Mais rien ne justifie une pareille distinction, et il serait contraire aux textes du droit criminel, nous l'avons déjà dit, d'assigner à l'action civile, en dehors d'une disposition formelle, un point de départ autre que celui de l'action publique. Du reste, dès que le ministère public a mis son action en mouvement, la partie lésée a pu connaître le dénonciateur et, par suite, exercer contre lui sa demande en dommages-intérêts.

En résumé, nous n'hésiterons pas à décider que, si la justice est saisie plus de trois ans après le jour où la dénonciation a été faite, la prescription est acquise au coupable.

En matière de crimes ou de délits de presse, le point de départ de la prescription de trois mois, édictée par l'art. 65 de la loi du 29 juillet 1881, se détermine aisément en ce qui concerne ceux commis par la parole, puisque le fait de publication, qui constitue l'infraction, est un fait instantané. Mais comment déterminer ce même moment pour les crimes et les délits qui sont commis par des écrits ou des imprimés ? La publication consistant alors en des faits répétés, renouvelés, elle se prolonge pendant un temps plus ou moins long. Il n'y a pourtant pas là une série d'infractions punissables et, par conséquent, prescriptibles distinctement les unes des autres. Il n'y a qu'un seul crime ou délit susceptible d'une seule poursuite, soumis, dès lors, à une seule prescription de trois mois. Devra-t-on compter ces trois mois à partir du plus ancien fait de publication, ou à partir du dernier ?

Il pourrait sembler rationnel de ne compter le délai de la prescription qu'à compter du dernier fait de publication, puisque le délit s'est perpétué jusque-là, qu'il a été renouvelé par ce fait et qu'il n'a cessé que depuis cette époque. On pouvait, sous l'empire de la loi du 26 mai 1819, invoquer, à l'appui de cette opinion, le texte même de l'art. 29.

Mais il est certain que le législateur de 1881 a voulu restreindre plutôt qu'étendre les droits que l'action publique et l'action civile servent à protéger contre les délits de presse ; il est inadmissible que la poursuite puisse être autorisée d'une façon illimitée, comme elle le serait, si l'on tenait les délits de presse pour des délits successifs, incessamment renouvelés tant que l'édition d'un écrit susceptible d'incrimination ne serait pas épuisée et que cet écrit serait mis en vente dans les magasins d'un éditeur ou les bureaux d'un journal (Barbier, *Code expliqué de la presse*, t. 2, n° 1009).

Cette doctrine a été formellement consacrée par la Cour de cassation. Elle a, en effet, décidé, en matière de diffamation par la voie d'écrits imprimés, que la prescription court du jour où, par la publication, ces écrits ont été portés à la connaissance du public ; qu'on ne peut prétendre que chaque fait ultérieur de vente, de mise en vente ou de distribution de l'écrit diffamatoire constitue un fait nouveau de publication à partir duquel seulement courrait le délai de la prescription (1).

De même, en matière de diffamation par la voie de la presse, la prescription court du jour où, par la publication, l'écrit dif-

(1) Cass., 11 juillet 1889 (S. 89-1-349).

famatoire a été porté à la connaissance du public, sans qu'il y ait à établir, sous ce rapport, aucune distinction entre les délits résultant de la publication d'écrits périodiques et ceux résultant de la publication d'un livre ; on ne peut fixer le point de départ de la prescription au jour seulement où la feuille incriminée est parvenue au lieu du domicile du plaignant (1) et, par suite, lorsque la partie civile réside à l'étranger, il n'est pas nécessaire que l'arrêt constate à quelle date le livre incriminé a été publié dans le pays qu'elle habite.

Au cas d'une publication nouvelle ou d'une réimpression, la prescription ne remonte pas au jour de la publication primitive, mais court seulement à partir du jour de chacune des publications nouvelles ou de la réimpression. Il s'agit, en effet, d'un fait nouveau de publication constituant un délit distinct de celui qui résultait de la précédente édition. Ce délit donne lieu à une nouvelle action, prescriptible par un nouveau délai de trois mois (Barbier, t. 2, n° 1010).

Nous avons vu que, dans certains cas, le législateur a exigé, pour la constitution de l'infraction, la répétition de faits du même genre, l'habitude de délinquer chez l'agent, de telle sorte que chacun de ces actes pris isolément est impuni.

Quel sera, dans cette hypothèse, le point de départ de la prescription de l'action ?

Plusieurs systèmes ont été proposés.

D'après une première opinion, la prescription s'applique à tous les faits constitutifs du délit d'habitude qui remontent au-delà de trois ans, il n'y a pas à distinguer entre les délits qui se composent de plusieurs faits et ceux qui sont constitués par

(1) Cass., 28 mars 1890 (S. 90-1-549.

un seul fait ; ces actes n'ayant plus d'existence aux yeux de la loi, au-delà de trois ans, il ne faut pas en tenir compte (1).

La Cour de cassation consacre un second système, admis par plusieurs auteurs, aux termes duquel aucun des faits constituant le délit d'habitude ne peut être isolément soumis à la prescription ; mais, pourvu que le dernier fait, qui marque la date de l'accomplissement ou délit, ne soit pas prescrit, on peut y rattacher les faits antérieurs, quelle que soit leur date (2).

Cette doctrine nous paraît confondre le délit d'habitude avec le délit continu ; aussi préférons-nous un troisième système qui n'est qu'une modification du précédent, mais par lequel on peut rattacher au fait, qui ne remonte pas à plus de trois ans, les faits antérieurs, pourvu qu'ils ne soient pas séparés entre eux par un intervalle de plus de trois années.

Chaque fait commence, si l'on peut dire, un délit conditionnel, subordonné à la condition de la répétition du même fait ; chaque fait, qui s'y joint, sert de point de départ à une nouvelle prescription, puisqu'il entre dans la composition du délit ; mais, si aucun fait ne vient s'y joindre dans les trois années, la prescription est accomplie. On ne peut alors soutenir qu'elle n'a pas couru ; car, si, au lieu d'un fait, on en met un assez grand nombre pour constituer le délit d'habitude et que trois ans se passent sans poursuites, la prescription sera

---

(1) Faustin Hélie, t. 3, p. 711 ; — Le Sellyer, t. 2, n° 471.

(2) Cass., 21 octobre 1841 (S. 41-1-984) ; 29 janvier 1842 (*Bulletin criminel*, n° 21) ; 27 décembre 1845 (*Bulletin criminel* 375) ; 14 novembre 1862 (D. 63-1-395) ; — Hoorbeke, p. 77. — Brun de Villeret, n° 170 ; — Mangin, t. 2, n° 327.

acquise et ils ne pourront plus être réunis à des faits posté-
rieurs (1).

On n'a plus à craindre, en matière d'usure, par exemple,
les dangers qu'il y aurait à baser l'action sur des faits qui
pourraient remonter à plus de trois ans, « ce qui pourrait con-
duire, dit Legraverend (t. 1, p. 75) à faire condamner, à la fin
de sa carrière, un homme, pour un seul fait déclaré usuraire,
si, en recherchant dans tous les actes de sa vie, on joint à ce
prêt quatre ou cinq faits oubliés de lui-même, et remontant à
trente ou quarante ans, pour en former le délit d'habitude ».

Le législateur ne s'étant pas expliqué sur le point de savoir
quel est le nombre de faits nécessaire pour constituer le délit
d'habitude, il appartiendra aux juges de décider souverainement cette question.

L'action civile dérivant du délit d'habitude d'usure, et l'action résultant des dispositions de l'art. 17 de la loi du 30
novembre 1892, sur l'exercice de la médecine, contre les personnes visées à l'art. 16, se prescriront donc conformément
aux règles qui viennent d'être exposées.

Signalons, en terminant l'étude de ce chapitre, les dispositions purement transitoires auxquelles ont donné lieu les
malheureux événements de 1870 et 1871, en ce qui touche le
point de départ de la prescription des actions civiles.

Un décret du 14 février 1871 porte que le délai de la prescription, pour les délits forestiers, dommages aux champs et
actes de pillage, ne commencera à courir qu'après l'évacuation
du territoire par l'armée allemande.

(1) Garraud, t. 2, nº 63 *in fine* ; — Villey, p. 239 ; — Laborde,
nº 873 ; — Trébutien, t. 2, p. 151 ; — Bertauld, p. 612 ; Normand,
nº 162.

La loi du 12 mai 1871, rendue à la suite de l'insurrection de la commune de Paris, relativement aux biens meubles et immeubles soustraits ou mis sous séquestre par la commune insurgée, dispose, dans son art. 3, que : « l'action civile ne sera prescrite que par le laps de trente ans, depuis la cessation officiellement constatée de l'insurrection, et ce, sans préjudice de toute interruption et suspension de droit. »

Or, le gouvernement déclara par une note publiée le 10 juillet 1871, au *Journal officiel*, que l'insurrection de Paris avait cessé le 7 juin 1871, date à laquelle le rétablissement du cours de la justice, dans le département de la Seine, a été annoncé officiellement. C'est donc à cette dernière date que la prescription a commencé à courir.

Nous avons envisagé, jusqu'ici, le point de départ de la prescription, indépendamment de tout acte d'instruction ou de poursuite venant en interrompre le cours, car, lorsqu'il intervient un acte de cette nature, après la consommation de l'infraction, c'est à partir de ce dernier acte que la prescription recommence à courir. Mais quels sont véritablement les actes qui interrompent la prescription de l'action civile ? C'est là ce que nous devons maintenant rechercher.

CHAPITRE III

DES CAUSES QUI PEUVENT AUGMENTER LA DURÉE DE LA PRESCRIPTION DE L'ACTION CIVILE

Dans notre législation actuelle, en matière pénale comme en matière civile, certaines causes, limitativement déterminées par la loi, ont pour effet d'augmenter la durée de la prescription.

Ces causes peuvent être, en droit civil, soit interruptives, soit suspensives de la prescription.

L'interruption a pour résultat d'anéantir une prescription commencée ; tout le bénéfice du temps antérieur à l'acte interruptif est perdu pour le débiteur ; une nouvelle prescription peut seulement commencer à courir à son profit.

La suspension, au contraire, n'efface pas le temps qui l'a précédée ; c'est un obstacle temporaire, qui ne fait que paralyser le cours de la prescription jusqu'à ce que la cause de suspension ait disparu ; la prescription peut alors se compléter par le temps qui restait à courir au moment où la cause de suspension s'est produite. Le temps antérieur est mis en réserve pour être utilisé lorsque la cause qui produisait la suspension aura cessé.

La différence qui sépare l'interruption de la suspension est donc bien tranchée : l'interruption produit son effet dans le passé ; elle efface le temps antérieur ; — la suspension ne produit son effet que dans l'avenir.

Mais, en droit pénal, la question de savoir s'il existe, ou

non, des causes de suspension de la prescription, est controversée.

Sous le bénéfice de cette observation, nous diviserons ce
chapitre en deux sections : la première sera consacrée à l'interruption de la prescription ; dans la seconde, nous nous
demanderons si la prescription peut être suspendue, et, répon-
dant négativement à cette question, nous aurons à justifier
cette solution.

———

SECTION Ire

Causes d'interruption de la prescription de l'action civile

Dans notre ancienne jurisprudence, il était généralement
admis que les actes d'information et le décret non exécuté
n'avaient pas pour effet d'interrompre la prescription (arrêts
du Parlement de Paris des 10 février 1607 et 6 juillet 1703).

Dunod pensait, toutefois, que la seule sentence définitive
exécutée perpétuait l'action et la prorogeait à trente ans, mais
que « ce qui ne tendait qu'à l'instruction du procés ne devait
pas interrompre la prescription. » (Part. II, ch. IX, p. 190.)

Contrairement à cette opinion, le Code d'instruction criminelle a admis, comme la loi des 25 septembre - 6 octobre 1791
et le Code du 3 brumaire an IV, l'interruption de la prescription en matière criminelle ; mais, tandis que ces deux lois se
bornaient à porter à six ans, hors le cas de défaut ou de contumace, la durée de l'action, en cas de poursuites commencées
dans le délai de trois ans, le législateur de 1808 donne un
nouveau cours à la prescription du jour où a été posé l'acte
interruptif.

Si les art. 637 et 638 ne prononcent pas le mot d'interruption, ils en consacrent, du moins, certainement, le principe. Il résulte, en effet, de leurs dispositions que l'action publique et l'action civile, naissant d'un crime ou d'un délit, se prescrivent à compter du jour où le fait aura été commis, si, dans le délai fixé pour la prescription, il n'a été fait aucun acte d'instruction ou de poursuite, mais que s'il a été fait, dans cet intervalle, des actes d'instruction ou de poursuite non suivis de jugement, le délai pour la prescription des deux actions ne commence à courir qu'à partir du dernier acte, à l'égard même des personnes qui ne seraient pas impliquées dans cet acte d'instruction ou de poursuite.

En ce qui concerne les contraventions, la règle est différente : la prescription de l'action publique et de l'action civile commence à courir du jour où elles ont été commises et s'accomplit par une année, même lorsqu'il y a eu procès-verbal, saisie, instruction ou poursuite, si, dans cet intervalle, il n'est pas intervenu de condamnation ; s'il a été rendu un jugement susceptible d'être attaqué par la voie de l'appel, l'action publique et l'action civile se prescriront alors après une année révolue, à compter de la notification de l'appel qui aura été interjeté (art. 640).

Les actes interruptifs ne sont donc point les mêmes, selon qu'il s'agit de crimes et de délits, d'une part, ou de simples contraventions, d'autre part. Pour faire une étude complète des causes d'interruption, nous étudierons, dans un premier paragraphe, l'interruption en matière criminelle ou correctionnelle ; nous verrons dans un paragraphe deuxième quels sont les actes interruptifs en matière de simple police.

§ 1er. — *Interruption de la prescription en matière criminelle ou correctionnelle*

L'idée générale qui se dégage de l'art. 637 C. inst. crim., c'est que la prescription de l'action civile, étant soumise aux mêmes règles que celles de l'action publique, ne peut être interrompue que par des actes qui interrompent en même temps la prescription de l'action publique, c'est-à-dire par des actes d'instruction et de poursuite, portés devant la juridiction répressive.

La loi ne donne pas la définition des actes de poursuite ou d'instruction, mais il est facile d'en déterminer le caractère en se reportant aux dispositions du Code d'instruction criminelle relatives à la police judiciaire. L'art. 8 nous explique, en effet, que « la police judiciaire recherche les crimes, les délits et les « contraventions, en rassemble les preuves et en livre les « auteurs aux tribunaux chargés de les punir ». Il résulte de ce texte que tout acte, spécifié par la loi, qui a pour but de constater une infraction, d'en rechercher les auteurs, d'établir les preuves de leur culpabilité, constitue un acte d'instruction ou de poursuite.

Bien que ces deux sortes d'actes produisent les mêmes effets juridiques, au point de vue qui nous occupe, ils ne doivent pas cependant, être confondus : l'acte d'instruction a pour objet de faire constater l'infraction ; c'est ainsi que l'audition des témoins est un acte d'instruction. L'acte de poursuite a pour but, soit de mettre l'action publique en mouvement, en saisissant la juridiction d'instruction ou la juridiction de répression, soit de s'assurer de la personne du prévenu ; les réqui-

8

sitions du ministère public tendant à l'instruction de l'affaire, des mandats décernés contre un prévenu, la citation directe donnée à ce dernier par la partie lésée devant le tribunal correctionnel sont des actes de poursuite.

M. Rauter (n° 854) qualifie les actes d'instruction d'actes de poursuite réelle, par opposition aux actes de poursuite qu'il appelle des actes de poursuite personnelle.

La loi n'exige pas d'ailleurs que les actes d'instruction émanés de la partie publique auxquels elle attache l'effet interruptif aient été dirigés contre des individus déterminés ; il suffit que ces actes aient pour objet de constater l'infraction (1).

Mais, pour qu'un acte émané de la partie civile ait pour effet d'interrompre la prescription de l'action civile, il faut qu'il ait été légalement porté à la connaissance du prévenu ou, tout au moins, dirigé contre lui. Il a été décidé en ce sens que la prescription de l'action civile n'est pas interrompue par une citation à témoins donnée à la requête de la partie civile (2).

Il y a lieu de remarquer, ici, que la loi du 29 juillet 1881 sur la liberté de la presse n'attribue l'effet interruptif qu'aux actes de poursuite ; elle semblerait donc avoir exclu les actes d'instruction, cependant cette interprétation doit être écartée ; la distinction ne serait pas rationnelle et n'est pas imposée par le texte de l'art. 65. On peut, en effet, sans forcer le sens des mots, considérer les actes d'instruction comme des actes de poursuite. Les travaux préparatoires ne permettent pas, du reste, d'attribuer une autre pensée aux auteurs de la loi de 1881, et le rapporteur, M. Lisbonne, a

(1) Le Sellyer, t. 2, n° 503 ; Cass., 3 juillet 1880 (S. 81-1-481).
(2) Bastia, 5 février 1890 (D. 91-2-125).

déclaré, dans une dissertation publiée ultérieurement (*Lois nouvelles 1884*, 3, p. 9 et s.), que par « acte de poursuite » la loi de 1881 avait entendu également tous actes d'instruction qui s'y rattachent ou y adhèrent, tous actes qui se confondent avec la poursuite elle-même, et ont pour but de la faire aboutir.

Quoiqu'il en soit, et lorsque l'action civile est portée devant la juridiction répressive, concurremment avec l'action publique, il ne faut pas hésiter à reconnaître que les poursuites du ministère public empêchent la prescription de l'action civile de s'accomplir. Il est clair, en effet, dans ce cas, que cette dernière action se conserve par les mêmes actes qui interrompent la prescription à l'égard de l'action publique, puisqu'elle n'en est que l'accessoire ; si, donc, par suite de la négligence du ministère public, l'action publique est frappée de déchéance, l'action civile partagera le même sort (1).

Si l'action publique est intentée avant ou pendant la poursuite de l'action civile devant les tribunaux civils, ceux-ci doivent surseoir à statuer tant qu'il n'a pas été prononcé définitivement, par la juridiction répressive, sur l'action publique (art. 3, C. inst. crim.). Dans cette hypothèse, l'action civile sera également conservée par les actes d'instruction ou de poursuite qui auront interrompu la prescription de l'action pénale, en y comprenant le jugement de condamnation qui est un acte interruptif de la prescription de l'action civile, à l'égard de laquelle il n'a pas encore été statué. La partie lésée devra donc reprendre son action devant les tribunaux civils, dans les délais fixés par les art. 637 et 638, à compter du jugement (2).

(1) V. Sourdat, t. I, n° 388.

(2) Mangin, t. 2, n° 354 ; V. également Cass., 29 mars 1856 (D. 56-1-269).

Recherchons maintenant quels sont les actes qui ont le pouvoir d'interrompre, à la fois, la prescription de l'action publique et celle de l'action civile.

Nous rangerons, dans cette catégorie :

1° Les procès-verbaux dressés pour constater le délit ou en compléter la constatation.

Sans doute, sous l'empire de législation de 1791 et de l'an IV, le procès-verbal n'avait pas la force d'interrompre la prescription parce que la prescription ne commençait précisément à courir que du jour où le délit avait été légalement constaté par un procès-verbal. Mais, dans la législation actuelle, il faut bien convenir que si les procès-verbaux ne sont pas des actes de poursuite, ils sont assurément des actes d'instruction. Leur objet, en effet, est de constater les crimes et délits, de recueillir leurs circonstances, les traces qu'ils ont laissées après eux et tous les faits propres à en signaler les auteurs ; ils sont donc la base de la procédure ; ils tendent à empêcher le dépérissement des preuves puisqu'ils conservent les faits et les indices qu'ils ont relevés. Il est donc naturel qu'ils interrompent la prescription. Du reste, l'art. 640, relatif à la prescription des contraventions, met le procès-verbal sur la même ligne que la saisie et les autres actes d'instruction et de poursuite en général. De là, on est autorisé à conclure que si le législateur l'a mentionné dans le texte précité, c'est que, apparemment, en matière criminelle et correctionnelle il a l'effet d'interrompre la prescription (1).

Un auteur (2) a cependant refusé aux procès-verbaux le

(1) V. Faustin Hélie, t. 3, p. 725 ; — Mangin, t. 2, n° 342 ; — Sourdat, t. 1, n° 389.

(2) Le Sellyer, op. cit., t. 2, n° 485.

caractère interruptif de la prescription en se fondant sur ce que le mot « poursuite », selon Ferrière, se dit des procédures qu'on fait en justice, et le mot « instruction » des procédures et formalités nécessitées par la mise d'une affaire en état d'être jugée.

Cette argumentation n'est guère acceptable et, même en acceptant la définition de Ferrière (en son *Dictionnaire de droit*), il semblerait juste de considérer, comme faisant partie d'une procédure criminelle, l'acte qui en forme la base fondamentale.

Pour nous, le véritable motif qui doit faire attribuer au procès-verbal le caractère d'un acte interruptif, c'est qu'il est un acte exclusivement attribué à la police judiciaire chargée de la recherche et de la constatation des délits, et par suite un acte d'instruction. La jurisprudence de la Cour de cassation est en ce sens (1).

Il n'est pas nécessaire, pour que le procès-verbal ait le pouvoir d'interrompre la prescription, que l'officier de police qui l'a dressé, ait agi « sur la réquisition du ministère public, comme l'a déclaré la Cour de Nancy, par arrêt du 19 mai 1856 (en note sous S. 56-1-775). La réquisition du ministère public n'a pas pour effet d'imprimer un caractère particulier au procès-verbal qu'il provoque ; c'est de la loi, en effet, que le fonctionnaire compétent tient ses pouvoirs, et non des réquisitions qui lui sont adressées par la partie publique ; il suffit donc que l'officier qui rédige le procès-verbal, ait qualité pour le faire (2) ;

---

(1) Cass. 26 juin 1840 (*Bull. crim.* n° 188) ; 29 mars 1856 précité ; 28 juillet 1870 (D. 71-1-184).

(2) V. cass. 25 juillet 1889 (D. 90-1-449).

peu importe qu'il agisse spontanément ou sur réquisition, pourvu qu'il ait instrumenté dans la limite de sa compétence.

Les procès-verbaux dressés par des gendarmes ou des sous-officiers de gendarmerie ont le même pouvoir interruptif que ceux rédigés par les officiers de gendarmerie, puisqu'aux termes du décret du 1er mars 1854, ils ont qualité pour recueillir des renseignements sur tous les crimes et délits parvenus à leur connaissance.

2° La saisie (arg., art. 640), qui peut être considérée comme un acte d'instruction et même de poursuite : d'instruction, puisqu'elle sert souvent à la représentation du corps du délit (art. 11, C. inst. crim.) ou des pièces à conviction (art. 89, 90, C. inst. crim.) ; de poursuite, puisque c'est déjà une espèce d'exécution, une main-mise de la justice sur les objets provenant du délit ou qui ont servi à le commettre et qui appartiennent ordinairement au prévenu.

3° Les réquisitoires du ministère public adressés au juge d'instruction à l'effet d'informer ; la citation du prévenu devant le tribunal correctionnel.

4° Tous les actes du juge d'instruction, faits régulièrement dans le cours de l'information, tels que les mandats et ordonnances qu'il délivre, les vérifications, les expertises qu'il ordonne, l'audition des témoins, les interrogatoires auxquels il procède.

5° Les jugements préparatoires, provisoires ou interlocutoires, rendus par les tribunaux répressifs.

L'art. 637 porte que la prescription est interrompue par des actes d'instruction ou de poursuite non suivis de jugement, car d'ordinaire, lorsqu'il y a jugement, l'action est éteinte, et, s'il y a condamnation, c'est la prescription de la condamnation qui commence ; il ne peut plus être question de la prescription de l'action (1). Dans le cas prévu par l'art. 637, en effet, le mot jugement ne peut s'entendre que d'une décision définitive, parce qu'il s'agit, dans ce texte, de la prescription applicable à une procédure criminelle et que les jugements ou, mieux, les arrêts rendus par les Cours d'assises, sont toujours en dernier ressort.

Mais, en matière correctionnelle, il n'est plus vrai de dire que tout jugement est définitif et met fin à la prescription de l'action, car les décisions, émanant des juridictions correctionnelles, peuvent être attaquées par la voie de l'appel. L'art. 638, qui se réfère purement et simplement à l'art. 637, n'infirme en rien cette proposition puisque le mot jugement a la signification que nous savons. Il ne faut donc pas interpréter à la lettre l'art. 637 pour en conclure que la prescription de l'action cesse dès qu'il y a eu jugement, quelle que soit sa nature. Les jugements définitifs sur le fond de l'affaire arrêtent, seuls, d'une manière irrévocable la prescription de l'action (2).

Un jugement correctionnel, non définitif, c'est-à-dire étant susceptible d'être réformé, ne peut raisonnablement marquer le point de départ de la condamnation, puisqu'on ne peut mettre à exécution une pareille décision et qu'on ne peut pas prescrire une condamnation qu'il n'est pas possible d'exécuter pour le moment.

Ces jugements peuvent être contradictoires ou par défaut.

Si le jugement est contradictoire, il n'éteint pas entièrement l'action sur laquelle il prononce, car un appel pouvant être

(1) Sourdat, t. 1, n° 393.
(2) Cass., 27 janvier 1883 (D. 84-1-311).

interjeté dans un délai de dix jours à dater de la décision (art. 203 C. inst. crim.) par le procureur de la République, le prévenu ou la partie civile, et dans celui de deux mois ou d'un mois par le procureur général (art. 205), ce jugement produira seulement un effet interruptif. L'art. 636 dit, en effet, que les peines, prononcées par les tribunaux de première instance, ne se prescriront que par cinq ans à compter du jour où ils ne pourront plus être attaqués par la voie de l'appel et l'art. 642 ne fait courir la prescription des condamnations civiles que du jour où le jugement est devenu irrévocable, c'est-à-dire du jour où il ne peut plus être attaqué par la voie de l'appel.

Si les délais ci-dessus s'écoulent sans qu'il y ait appel, l'action est définitivement éteinte et la prescription de la condamnation commence.

S'il y a appel de la décision rendue en premier ressort, l'action se ranime ; le jugement, remis en question, n'est plus qu'un acte de poursuite ordinaire interrompant le cours de la prescription (1). L'appel produira son effet interruptif quelle que soit la personne dont il émane (Cass., 28 novembre 1857, D. 58-1-93 ; 21 décembre 1885, D. 86-1-317 ; 3 novembre 1887, D. 89-1-221).

Si le jugement correctionnel en premier ressort est rendu par défaut, ce jugement ne peut être considéré que comme un acte d'instruction, ou, plus exactement, de poursuite, interrompant la prescription ; en effet, il est susceptible d'opposition ou d'appel et les délais de ces deux voies de recours se comptent, contrairement à ce qui se passe en matière civile, à partir

---

(1) V. note 382° de M. le président Barris, citée par Brun de Villeret, n° 230.

du même moment : le jour de la signification du jugement non définitif. Or, dans le cas qui nous occupe, le délai de l'appel étant plus long que celui de l'opposition, il en résulte que la prescription de la condamnation ne peut jamais courir pendant ce dernier délai.

L'art. 641 C. inst. crim. renferme cependant une disposition d'où il semblerait résulter que la prescription de la condamnation court du jour même du jugement par défaut et s'accomplit par cinq ans, bien que l'opposition fût encore recevable si le jugement n'avait pas été signifié, et qu'ainsi le condamné pût encore se présenter pour purger le défaut. Ce texte déclare, en effet, qu' « en aucun cas, les condamnés par défaut ou par contumace, dont la peine est prescrite, ne peuvent être admis à se présenter pour purger le défaut ou la contumace. » Aussi croyons-nous qu'il ne faut pas le prendre à la lettre et qu'il faut le considérer comme une erreur du législateur qui, s'occupant de la contumace, a été amené à parler des jugements de défaut. Autrement, ce serait une contradiction évidente avec les principes les plus certains de la matière, et notamment avec l'art. 636 C. inst. crim. qui ne fait courir la prescription de la peine que du jour où l'appel n'est plus recevable, c'est-à-dire du jour où le jugement est irrévocable. Or, il n'existe aucune raison de distinguer, à ce point de vue, entre les jugements qui peuvent être réformés sur l'appel et ceux qui peuvent être rétractés sur l'opposition.

Cependant, aux termes de l'art. 187 C. inst. crim., tel qu'il a été modifié par la loi du 27 juin 1866, le prévenu peut former opposition pendant cinq ans, si la signification du jugement ne lui a pas été faite à personne, ou s'il ne résulte pas d'actes d'exécution de ce jugement qu'il en a eu connaissance.

Est-ce donc que l'effet légal de la signification du jugement a été changé ? Non. La Cour de cassation a, en effet, décidé « que cette faveur, accordée par la loi nouvelle au prévenu, n'enlève pas à la signification régulièrement faite son effet légal qui est de rendre le jugement définitif après l'expiration des délais d'opposition et d'appel » (1).

En effet, le nouvel art. 187 porte que l'opposition est recevable dans l'hypothèse qu'il prévoit, à l'expiration des délais de la prescription de la peine, ce qui est conforme à la règle posée par l'art. 641. La prescription de l'action a donc cessé, bien que la partie défaillante pût encore former opposition au jugement, en faisant les justifications prescrites.

La jurisprudence a eu fréquemment l'occasion d'examiner le point de savoir si les remises de cause, en matière correctionnelle, constituaient des actes de poursuite ou d'instruction. Cette question, posée particulièrement au sujet des délits de presse, a donné lieu à certaines discussions. Il s'agit, en effet, de déterminer à quelles conditions la remise de cause est régulièrement constatée.

La Cour d'Orléans (2) a décidé que, seule, la remise de cause mentionnée sur la feuille d'audience, avait le caractère d'un jugement préparatoire, interruptif de la prescription.

Dans ce système, il faudrait distinguer entre la feuille d'audience et le plumitif au point de vue des effets légaux de leur constatation. La feuille d'audience, prescrite par les art. 36 et 39 du décret du 30 mars 1808, constituerait la minute du

---

(1) Cass. 5 mars 1869 (S. 70-1-46); Paris, 25 février 1870 (S. 70-2-288) ; Cass., 30 janvier 1892 (*Bull. crim.* n° 40).

(2) Orléans, 29 juin 1886 (D. 87-2-24).

jugement, des décisions judiciaires ; elle serait signée par le président et le greffier (art. 196, C. inst. crim.) et aurait un caractère authentique. Le plumitif, au contraire, ne serait qu'un simple cahier sur lequel le greffier tiendrait note, pour mémoire seulement, des faits d'audience, des remises de causes, du prononcé du jugement et de leurs résultats. Le plumitif ne serait pas prescrit par la loi et ne posséderait, par lui-même, aucune valeur juridique.

La Cour de cassation répudie cette distinction ; il semble résulter, en effet, de ses décisions que le plumitif ne désigne pas autre chose que la feuille d'audience et ne s'applique nullement à un registre dont il n'est question dans aucune loi ni aucun règlement et qui n'a pas d'existence légale. « L'expression de plumitif de l'audience, dit un arrêt du 4 novembre 1885 (1), ne saurait désigner autre chose que la feuille signée par le président et le greffier, contenant la mention authentique des faits qui se sont passés à l'audience, des conclusions qui y ont été prises et des jugements de toute nature qui y ont été rendus. » D'après cette opinion, il faut, pour qu'une remise de cause constitue un acte interruptif de la prescription, qu'elle soit mentionnée sur le plumitif ou la feuille d'audience, ces deux expressions étant synonymes (2).

Aux termes de l'art. 189 C. inst. crim., le greffier doit tenir note des déclarations des témoins et des réponses du prévenu. La remise de cause, qui se trouverait mentionnée sur ces notes d'audience, aurait-elle pour effet d'interrompre la prescription ?

(1) D. 86-1-295.

(2) Cass. 4 avril 1873 (D. 73-1-221) ; 28 février 1885 (D. 86-1-385) ; 13 mars 1886 (D. 86-1-474) ; 26 avril 1888 (D. 88-1-281).

Malgré les différences qui existent entre ces notes, tenues par le greffier, et la feuille d'audience, nous pensons qu'une constatation, quelle qu'en soit la forme, devrait produire effet, à la condition d'être certaine et régulière. Or, les notes d'audience présentent un caractère suffisant d'authenticité par suite de la signature du greffier et du président (1).

Mais, dans le cas où la partie civile aurait à craindre, par l'effet d'une remise de cause, l'extinction de son action se prescrivant par un court laps de temps, il lui suffirait de citer de nouveau le prévenu au jour fixé par le jugement de remise de cause ; la prescription serait ainsi interrompue (2).

Il a été jugé par la Cour de cassation que si, en matière de délit de presse, la remise a été prononcée à un délai de plus de trois mois, il y a lieu d'empêcher la prescription de s'accomplir, avant l'expiration de ce délai, par un nouvel acte interruptif.

Si la partie civile ne peut, en effet, contraindre le juge à vider le débat lorsque les parties ont comparu devant lui, elle peut néanmoins l'inviter à statuer, et si son action est mise en péril par suite d'un renvoi prononcé, elle peut faire disparaître ce danger en usant des moyens que la loi met à sa disposition.

S'il est admis aujourd'hui par les auteurs (3) et la jurisprudence que tous les actes d'instruction et de poursuite, faits à la requête de la partie publique, sont interruptifs à la fois de la prescription de l'action pénale et de celle de l'action civile,

(1) Paris, 14 février 1890 (D. 90-2-309).
(2) Barbier, op. cit., n° 1.015 ; — Cass. 26 avril 1888 précité.
(3) Garraud, t. 2, n° 70 ; — Mangin, t. 2, n° 354 ; — Laborde, n° 899 ; — Villey, p. 271 ; — Normand, n° 936.

l'art. 637 ne pouvant laisser de doute à cet égard, la question de savoir quel est l'effet des actes de poursuite posés par la partie civile fait naître des contestations.

Et d'abord, nous pensons que les actes de poursuite dirigés par la partie civile devant la juridiction criminelle, dans le cas où elle peut mettre en mouvement l'action publique, interrompent la prescription des deux actions, car, nulle part dans l'art. 637 C. inst. crim., nous ne voyons le législateur exiger que ces actes émanent du ministère public.

Nous savons que toute personne lésée par un délit a la faculté de traduire directement le délinquant devant les tribunaux correctionnels ou de se porter partie civile devant cette même juridiction lorsque l'action publique a déjà été mise en mouvement.

Or, la citation donnée par la partie lésée devant ces tribunaux est certainement un acte interruptif de la prescription de l'action civile puisqu'il est un acte de poursuite, mais elle conserve également l'action publique ; c'est ce qui résulte formellement des termes de l'art. 182 C. inst. crim. d'après lequel la citation directe saisit la juridiction répressive de la connaissance des infractions de leur compétence (1) ; le ministère public est nécessairement partie jointe dans toute procédure criminelle.

Les mêmes règles sont applicables au cas où, par exception, et en vertu de la loi du 29 juillet 1881, la citation directe peut

(1) Faustin Hélie, t. 3, p. 726 ; — Garraud, t. 2, n° 65 ; V cass., 20 mars 1856 et 4 avril 1873 précités ; 29 mars 1883 (D. 85-1-183) ; 24 mai 1884 (D. 86-1-143) ; 27 juin 1883 (D. 85-1-135).

être employée pour saisir la Cour d'assises de certaines infractions commises par la voie de la presse (1).

M. Le Sellyer (2) se sépare de la doctrine généralement adoptée ; il prétend que la citation donnée par la partie lésée ne saisit le tribunal correctionnel qu'en ce qui touche ses intérêts civils et que les réquisitions du ministère public peuvent, seules, saisir réellement le tribunal corrrectionnel de la connaissance de l'action publique.

Mais, peut-on répondre, dès que la juridiction répressive est saisie par la partie lésée, le ministère public est tenu de prendre des conclusions, et quelles que soient ses réquisitions, les juges sont obligés d'apprécier la criminalité du fait, de faire application de la peine, s'il y a lieu, ou de relaxer le prévenu (3).

La partie civile a également le droit, que lui confère l'art. 135, al. 2, C. inst. crim., de faire opposition aux ordonnances du Juge d'instruction. L'opposition légalement formée aura-t-elle pour effet d'interrompre la prescription de l'action publique ?

« La partie civile, porte ce texte, pourra former opposition aux ordonnances rendues dans les cas prévus par les art. 144, 128, 131 et 539 du présent code et à toute ordonnance faisant grief à ses intérêts civils ».

En présence de cette disposition, nous pensons que l'effet de ces oppositions est d'interrompre la prescription des deux actions publique et civile. Les termes de l'art. 135 sont absolus et ne restreignent pas, à la différence des art. 202 et 413, la

---

(1) Cass. 14 févr. 1890 (D. 91-1-281) ; 14 mars 1884 (D. 85-1-90)
(2) *Droit criminel* n° 2.245.
(3) Cass. 27 juin 1811 (S. 11-1-327) ; 29 février 1828 (S. 28-1-315).

portée des oppositions formées par la partie civile à la seule conservation de ses intérêts privés.

Cette opposition est bien véritablement un acte de poursuite, car il saisit la Chambre des mises en accusation et l'oblige à statuer sur les faits incriminés.

Jusqu'ici, nous avons supposé que la victime de l'infraction connaissait l'auteur du fait qui lui avait été préjudiciable. Mais il se présente un nombre infini de cas où elle ne parviendrait pas à le connaître sans l'aide de la police, du parquet et du juge d'instruction. Elle n'a souvent d'autres ressources, en effet, que la plainte aux officiers chargés de poursuivre la répression des faits délictueux.

Cela nous amène naturellement à examiner le point de savoir si la plainte d'une personne se prétendant lésée par une infraction suffit, à elle seule, pour interrompre la prescription. C'est demander, en d'autres termes, si la plainte constitue un acte d'instruction ou de poursuite, puisque l'art. 637 n'attribue l'effet interruptif qu'à ces sortes d'actes. Or, pour qu'un acte revête ce caractère, il faut, ou qu'il émane d'un fonctionnaire compétent pour instruire ou provoquer des poursuites, ou, s'il émane d'un tiers, qu'il ait pour résultat nécessaire de saisir la juridiction répressive. Or, la plainte n'a d'autre effet que de porter l'infraction à la connaissance de l'autorité judiciaire ; elle n'a pour but que d'éveiller l'attention des magistrats et de provoquer des poursuites, mais elle ne saisit aucune juridiction ; elle n'a aucune influence, non plus, sur l'action du ministère public qui reste libre d'y donner suite ou de s'abstenir (1). Ce n'est donc pas un acte interruptif de la prescription.

(1) V. Cass. 19 mars 1856, précité ; — Legraverend, t. 1, p. 78 ;

Mais en est-il de même lorsque la partie civile ne s'est pas bornée à dénoncer le fait délictueux, mais a déclaré formellement se porter partie civile, en faisant l'avance des frais nécessaires au jugement du procès criminel (1) ? La solution de cette difficulté dépend de la question de savoir si toute personne, en se constituant partie civile dans la plainte qu'elle dépose, oblige le ministère public à exercer des poursuites et amène nécessairement un examen judiciaire de la plainte et une décision. Cette question est résolue, à bon droit, selon nous, dans le sens de l'affirmative; les art. 68 et suivants, C. inst. crim., semblent bien justifier cette solution (2). « Puisque la citation directe donnée au prévenu tient lieu de plainte aux termes de l'art. 182, dit Legraverend (loc. cit.) il faut que la plainte, à son tour, soit l'équivalent de la citation et qu'elle ait pour effet d'interrompre la prescription. »

M. Mangin enseigne que la plainte, avec constitution de partie civile, est impuissante à saisir la juridiction répressive, mais qu'elle vaut au profit de la partie lésée. « Si le ministère public se croit dispensé d'agir, à lui permis ; mais son inaction n'empêche pas que la partie civile n'ait fait ce que la loi lui indiquait de faire pour exercer son action, et conséquemment pour la conserver. Sur le refus du ministère public d'y donner suite, elle a le droit de s'adresser aux tribunaux civils et de se prévaloir de sa plainte en l'invoquant comme un acte interruptif de la prescription (t. 2, n° 365). »

— Vazeille, n° 780 ; — Brun de Villeret, n° 206 ; — Mangin, t. 2, n° 353 ; — F. Hélie, t. 3, p. 723 ; — Cousturier, n° 28.

(1) Décret du 11 juin 1811, art. 160.

(2) V. Rauter, n° 694 ; — Faustin Hélie, t. 2, p. 263 et 272 ; — Cousturier, n° 29.

Nous ne pouvons admettre cette solution ; les art. 637 et 638 s'opposent à une semblable interprétation puisqu'ils n'attribuent l'effet interruptif qu'aux actes d'instruction et de poursuite. Or, les actes de la partie lésée ne peuvent revêtir ce caractère que lorsque, exceptionnellement, ils saisissent la juridiction répressive en mettant en mouvement l'action publique. Si le ministère public était libre de ne pas agir, comme le dit M. Mangin, sur la plainte de la partie civile, il faudrait nécessairement en conclure que cet acte isolé, non suivi d'actes de poursuites, ne peut avoir aucune influence sur le sort de l'action civile. Autrement, l'action publique et l'action civile obéiraient à des prescriptions distinctes, contrairement aux principes que nous connaissons (1).

Il nous reste à rechercher si l'appel et le pourvoi contre une décision rendue par la juridiction répressive, peuvent interrompre la prescription de l'action publique lorsqu'ils sont formés par la partie civile.

L'art. 202 C. inst. crim. porte que la faculté d'appeler appartient à la partie civile quant à ses intérêts civils seulement ; par conséquent, l'action publique ne peut être conservée par un pareil acte.

La même solution doit-être adoptée pour le cas où la partie civile s'est pourvue en cassation conformément à l'art. 413. Mais ces actes conserveront certainement l'action civile ; l'inaction du ministère public ne peut paralyser les droits de la partie lésée. Puisque le législateur a consacré, pour celle-ci, le droit d'appeler ou de se pourvoir contre une décision qui donne satisfaction suffisante au ministère public,

_____

(1) V. Brun de Villeret, n° 375.

on doit en conclure qu'il a entendu que l'action civile pourrait survivre, dans ce cas, à l'action publique. La prescription ne pourra donc atteindre l'action civile que conformément aux dispositions des art. 637 et 638 C. inst. crim.

Supposons, désormais, que la partie civile ait porté son
action en dommages-intérêts devant les tribunaux civils, le
ministère public étant resté dans l'inaction. Quelle va être
l'influence des actes par lesquels la partie lésée aura manifesté
l'exercice de son action, au point de vue de l'interruption de
la prescription ?

Cette question a donné naissance à plusieurs systèmes.

Certains auteurs reconnaissent bien que les diligences faites
par la partie lésée ne peuvent avoir d'influence sur l'action
publique, mais ils soutiennent que l'action civile aura été,
dans ce cas, conservée et survivra alors à l'action publique (1).

D'après une autre doctrine, la partie publique et la partie
privée pourraient exciper réciproquement des actes de poursuite émanés de chacune d'elles, même si leurs actions avaient
été intentées devant des juridictions distinctes ; en d'autres
termes, les actes posés par la partie lésée devant les tribunaux
civils seraient interruptifs, à la fois, de l'action publique et de
l'action civile (2).

Nous n'admettons ni l'un ni l'autre de ces systèmes, et
nous préférons une troisième théorie d'après laquelle les actes

(1) V. Bertauld, p. 652 ; — Paul Collet, *Revue critique 1868*,
p. 1 et s.

(2) Le Sellyer, t. 2, n° 480 ; — Hoorbecke, p. 126 ; — Labroquère, *Revue critique 1869*, p. 171 ; Cousturier, n° 88.

de la partie lésée, introduits devant la juridiction civile, ne conservent pas plus l'action civile que l'action publique (1).

En effet, ces deux actions sont régies par les mêmes textes et il faut, par suite, appliquer à l'interruption les règles de la loi pénale et non pas celles du Code civil.

Or, l'art. 637 ne reconnaît l'effet interruptif qu'aux actes d'instruction ou de poursuite posés dans l'intervalle de dix ans à compter du jour de la perpétration du crime ; il s'agit évidemment d'actes portés devant la juridiction répressive. Les mots eux-mêmes, la place qu'ils occupent, tout cela serait assez significatif, mais il n'est plus permis de douter, dit M. Villey, en présence du 2° al. de l'art. 637 : « S'il a été fait, dans cet intervalle, des actes d'instruction ou de poursuite non suivis de jugement, l'action publique et l'action civile ne se prescriront qu'après dix années révolues à compter du dernier acte, à l'égard même des personnes qui ne seraient pas impliquées dans cet acte d'instruction ou de poursuite. » N'est-ce pas là la preuve évidente qu'il s'agit bien ici d'actes d'instruction ou de poursuite posés devant les tribunaux criminels ? Est-ce que les actes de poursuite, en matière civile, ont, au point de vue de l'effet interruptif, ce caractère absolu et impersonnel ? Certes non, ils ont le caractère purement relatif que revêt l'autorité de la chose jugée elle-même.

Le législateur a assimilé l'action civile à l'action publique au point de vue de leur conservation, mais il n'a pu songer à un mode d'interruption uniquement prévu par le Code civil, et, nulle part, on ne voit qu'il ait fait dépendre la conservation

(1) V. Brun de Villeret, n° 381 ; — Villey, *Revue critique 1875,* p. 86 et s.

de l'action publique des actes posés par la partie lésée devant les tribunaux civils.

M. Cousturier (loc. cit.), invoquant la loi de brumaire an IV, prétend que le législateur de 1808 a maintenu l'indivisibilité des deux actions publique et civile, qui résultait de la législation antérieure.

L'art. 10 de la loi de brumaire déclarait que « si dans les trois ans, il avait été commencé des poursuites, soit criminelles, soit civiles, à raison d'un délit, l'une et l'autre action duraient six ans ». Ce texte attribuait donc aux poursuites criminelles et civiles le pouvoir de porter au double le délai de la prescription. Mais le Code d'instruction criminelle a répudié cette doctrine et adopté un système opposé ; l'art. 637 en est la preuve ; il ne parle nullement, comme la législation antérieure, de l'effet des poursuites civiles sur la prescription des actions publique et civile ; il se borne à déclarer que les délais peuvent être augmentés par des actes d'instruction ou de poursuite qui, nous l'avons démontré, ne peuvent être que des actes posés devant la juridiction répressive.

M. Cousturier invoque encore un autre ordre de considérations : « Si les poursuites de la partie lésée, dit-il, n'interrompaient pas la prescription de l'action publique, l'action civile pourrait survivre à cette dernière. Or, il est bien évident que le législateur n'a soumis les deux actions à la même prescription que pour qu'elles puissent se prêter un mutuel appui. »

Cet argument ne saurait avoir aucune force, car il nous semble que M. Cousturier juge la question par la question ; comme ce criminaliste admet que les poursuites au civil interrompent la prescription de l'action civile, il en conclut que cette action, ne pouvant avoir une existence distincte de celle de l'action publique, ne peut se conserver sans que cette dernière le soit également. Mais la difficulté est précisément de savoir si les poursuites au civil peuvent avoir une influence quelconque sur la durée de l'action privée.

Or, comme nous l'avons déjà vu, puisque la loi ne reconnaît qu'aux actes posés devant la juridiction criminelle le pouvoir d'interrompre la prescription soit de l'action civile, soit de l'action publique, tous autres actes de poursuites, faits devant les tribunaux civils, sont sans influence sur l'une et sur l'autre.

Ce qu'il est vrai de dire, c'est que l'action civile, une fois introduite devant les tribunaux civils, est régie par les règles de la procédure ordinaire ; il pourra, dès lors, arriver que les tribunaux prononcent leur jugement. Alors même que les délais de la prescription seraient expirés en cours d'instance, car il est de principe que, pour apprécier la recevabilité d'une action, il faut se placer au jour de la demande (1). Il en résulte que, dans ce cas, la juridiction civile pourra, par suite de certaines évolutions de procédure, être appelée à statuer sur l'action privée, alors que, l'action publique étant prescrite peut-être depuis longtemps, la répression de l'infraction qui a engendré l'action civile, est désormais impossible. Mais cette conséquence paraît fatale ; l'action civile exercée devant les juges civils est indépendante de l'action publique ; elle est protégée par la maxime : « *Omnes actiones quæ tempore pereunt, semel inclusæ judicio, salvæ permanent* (2) ».

(1) Normand, n° 936 *in fine*.

(2) Normand, n° 936 ; — Mangin, t. 2, n° 363 ; — Sourdat. n° 402 : — Villey, p. 253.

L'opinion contraire, soutenue par les criminalistes belges, ne nous paraît pas juridique (1).

Quoiqu'il en soit et s'il est de principe, en matière civile, que la prescription de l'action n'est pas possible tant que l'instance se poursuit, il est également certain que cette instance (et on entend par là les divers actes de la procédure respective des parties) est soumise à une prescription particulière appelée péremption (art. 397 et s. C. proc. civ.). Mais tant que l'instance n'est pas atteinte par la péremption, elle protège l'action contre la prescription qui aurait pu s'accomplir pendant la durée de cette instance, et cette règle est d'une absolue nécessité. S'il est toujours possible, en effet, à celui qui a une action à exercer, de commencer les poursuites dans le délai fixé par la loi, il ne dépend pas de lui d'y faire statuer dans le même délai. Des incidents de procédure, l'encombrement du rôle, le décès de l'une des parties avant la mise en état de l'affaire peuvent retarder la solution du procès. La procédure de l'appel peut encore amener des retards forcés. Il était donc impossible de fixer un terme pour la solution des contestations qui s'agitent entre particuliers. Le législateur ne pouvait que déterminer les délais pendant lesquels les actions devaient être intentées, sauf à la partie défenderesse à demander la péremption de l'instance lorsqu'il y a eu cessation de poursuites pendant un certain temps (2).

A défaut de dispositions spéciales en ce qui concerne l'action civile dérivant d'une infraction aux lois pénales, cette action, une fois intentée devant les tribunaux civils, est soumise à la règle générale écrite dans l'art. 397 C. proc. civ. Lorsque le

(1) Hoorbeke, p. 242 et s.; — Cousturier, n° 91.

(2) V. Chauveau et Carré, *Procédure*, t. 3 sur l'art. 397.

législateur indique, dans l'art. 637 C. inst. crim., que l'action
publique et l'action civile, naissant d'un crime, seront prescrites dans le délai de dix ans, à défaut d'actes d'instruction
et de poursuite, il entend seulement déclarer que la demande
en réparation doit être formée devant la juridiction compétente dans le délai fixé pour la prescription criminelle.

Si l'opinion contraire était admise, dans bien des cas il serait
impossible à la partie lésée de se faire rendre justice, la victime de l'infraction pouvant ne connaître le coupable que la
veille du jour où la prescription va sonner.

M. Cousturier admet, il est vrai, le système que nous avons
combattu et prétend que les actes de la partie lésée, faits
devant la juridiction civile, ont le pouvoir d'interrompre la
prescription, tant de l'action publique que de l'action civile.
Mais même avec cette opinion, il faut bien reconnaître qu'à
l'égard des contraventions de police, tout au moins (art. 640)
les diligences faites par la victime de l'infraction ne sauraient
interrompre ni la prescription de l'action publique ni celle de
l'action civile. Dès lors, serait-il toujours possible à la partie
lésée d'obtenir une décision dans l'année de l'infraction ? Le
législateur n'a pu avoir cette idée et ne l'a pas voulu.

Voyons maintenant ce qui se produirait au cas où la partie
lésée, après avoir introduit sa demande devant les tribunaux
civils, serait restée inactive pendant trois ans, et aurait ainsi
encouru la péremption.

En matière de crimes, le délai de la prescription de l'action
est plus long que celui fixé par le Code de procédure civile
pour la péremption de l'instance. Or, la péremption, lorsqu'elle
est demandée, a pour effet de faire considérer les actes de procédure comme non avenus, mais l'action subsiste, elle n'est

pas épuisée ; la partie lésée pourra donc fonder une nouvelle demande, pourvu que, bien entendu, à ce moment, il ne se soit pas écoulé un délai de dix ans depuis la perpétration du crime, car la péremption entraînerait indirectement l'extinction de l'action elle-même.

Ainsi, supposons que, lorsque la partie lésée exerce son action devant les tribunaux civils, il se soit déjà écoulé un intervalle de sept ans depuis le jour où le crime a été commis. Si pendant trois ans, le demandeur n'a plus fait aucune diligence, l'auteur de l'infraction pourra obtenir la péremption de l'instance. L'exploit introductif étant alors anéanti rétroactivement, la prescription de l'action sera accomplie puisque, en ajoutant, à la période de sept ans, pendant laquelle, le demandeur n'a pas exercé ses droits, les trois ans qui ont couru depuis l'assignation, il s'est écoulé un intervalle de dix années. L'action est définitivement éteinte et ne peut plus, par conséquent, être renouvelée.

Si l'action civile est basée sur le dommage causé par un délit ou une contravention, la péremption de l'instance entraînera, a fortiori, l'extinction définitive de l'action. Pour les délits, la prescription se serait accomplie par trois ans, c'est-à-dire par le même laps de temps que la péremption ; pour les contraventions, la prescription aurait été acquise à l'expiration d'une année à compter du jour où elle aurait été commise (1).

En dehors des actes de poursuite, posés par la partie lésée, qui ont le pouvoir d'interrompre la prescription lorsqu'ils sont faits devant la juridiction répressive, faut-il admettre comme

(1) V. Sourdat, t. 1, nº 402.

acte interruptif, à l'exemple de l'art. 2248 C. C., la reconnaissance de sa responsabilité faite par l'auteur de l'infraction ?

Nous avons établi que la prescription de l'action civile devait être, comme celle de l'action publique, suppléée d'office par le juge et que l'on ne pouvait valablement y renoncer. Or, la reconnaissance dont nous parlons n'implique-t-elle pas renonciation à la prescription acquise ? Nous croyons que, si cette reconnaissance est définitive, si l'auteur de l'infraction ne l'a pas subordonnée au résultat de la poursuite criminelle, il y a là substitution d'une obligation nouvelle à celle qui dérivait originairement du délit, et qu'à partir de ce moment, la prescription trentenaire viendra remplacer la prescription pénale. Mais, comme le dit un arrêt de la Cour de Nancy du 23 janvier 1875 (1) » une semblable substitution ne se présume pas, elle a besoin, comme la novation avec laquelle on peut la confondre, d'être si clairement établie qu'aucune incertitude n'existe sur la volonté de l'opérer (art. 1273 C. C.) ».

Cette reconnaissance se présentera le plus souvent, dans la pratique, sous le caractère de secours donnés par l'auteur d'une infraction à là victime d'un accident. Mais la question de savoir dans quelles circonstances ces secours peuvent être considérés comme une reconnaissance de dette de la part du coupable est un point que le juge du fait appréciera souverainement. La question comportera donc des solutions différentes selon les espèces.

' On peut dire, sans cependant poser de règle absolue, que la durée, la fréquence, la nature et l'importance des prestations fournies par l'agent seront autant d'éléments qui permet-

(1) S. 77-2-133.

tront au juge de décider si ces prestations constituent un acte d'humanité ou d'aumône ne modifiant nullement la durée de la prescription de l'action civile, ou si l'on doit y voir une reconnaissance de la dette (1).

Nous avons examiné plus haut quels actes d'instruction ou de poursuite ont le pouvoir d'interrompre la prescription. Mais pour qu'ils produisent cet effet, il faut encore qu'ils soient valables ; un acte nul ne saurait produire aucun effet « *quod nullum est nullum producit effectum* ». L'acte nul est considéré comme non avenu si sa nullité n'a pas été couverte en temps utile dans les cas prévus par la loi. Ainsi la citation nulle pour vice de forme, par exemple, n'interrompt pas la prescription (2). Il faut appliquer ici, par analogie, l'art. 2247 C..C.

Seul parmi les criminalistes, M. Rauter (n° 854) prétend que la citation en police correctionnelle n'est pas dépouillée, malgré sa nullité, de sa force interruptive.

Mais on lui répond péremptoirement que l'acte nul, étant censé n'avoir jamais eu d'existence, ne peut produire aucun effet ; car, ainsi que le dit M. Troplong (3) « lorsqu'un acte pêche par la forme extérieure dont on a dit « *dat esse rei* », il n'a aucune existence sérieuse, c'est un lambeau de papier qui ne fait preuve de rien ». La seule difficulté véritable consiste à

(1) V. Paris, 5 mai 1860 (S. 60-2-404) ; — Colmar, 25 mars 1867 (S. 67-2-354) ; Dijon, 3 avril 1868 (D. 69-2-223) ; Besançon, 15 juin 1881 (S. 82-2-173) ; Douai, 24 janvier 1881 sous Cass. (S. 83-1-155).

(2) V. notamment Mangin, t. 2, n° 357 ; — Le Sellyer, D. crim., n° 2254 ; Cass., 16 mai 1889 (D. 90-1-189).

(3) *Commentaire sur la prescription*, n° 598 sur l'art. 2247.

décider s'il y a ou s'il n'y a pas nullité ; sa solution peut donner lieu à de très vives et très sérieuses discussions (1).

On décide généralement que les poursuites exercées par un magistrat incompétent, en raison du délit et du territoire, n'ont aucun effet interruptif sur la prescription (2). La Cour de cassation, par arrêt du 3 juillet 1880 (3) a tiré des conséquences très juridiques de cette règle pour le cas où un tribunal correctionnel a été régulièrement saisi par citation directe de la partie civile. Dans cette hypothèse, le tribunal, seul, est compétent pour ordonner une information contre les prévenus cités devant lui. Aussi la Cour a-t-elle décidé que le réquisitoire du ministère public adressé au juge d'instruction à fin d'information et l'instruction qui l'a suivi ne sauraient être considérés comme des actes d'instruction et de poursuite valables, interruptifs de la prescription à l'égard des prévenus. Au contraire, les mêmes actes seraient valables et interrompraient la prescription à l'égard des autres personnes inconnues à l'origine et accusées du même délit.

Si la partie poursuivante exerce son action devant un tribunal incompétent, pourra-t-elle se prévaloir de ces diligences comme actes conservatoires de son action ?

En droit civil, la question est certaine et législativement consacrée ; l'art. 2216 C. C. déclare, en effet, que la citation en justice, même devant un juge incompétent, interrompt la prescription.

Les auteurs s'accordent avec la jurisprudence pour adopter

(1) V. cass., 15 juin 1893 (S. 94-1-49).

(2) Mangin, t. 2, n° 343 ; — Le Sellyer, t. 2, n° 499 ; — Garraud, t. 2, n° 65 ; — Cass., 9 juin 1884 (D. 67-1-98); Orléans, 8 nov. 1887 (D. 88-2-97).

(3) Dalloz, *Suppl. au Rép.* (loc. cit.) p. 222.

la même solution en matière pénale ; les raisons, qui ont décidé le législateur à édicter la règle posée dans l'art. 2246, se rencontrent, ici, avec non moins de force. La juridiction compétente n'est pas toujours chose facile à apprécier ; une circonstance iuconnue au moment des poursuites a pu induire en erreur la partie poursuivante, mais celle-ci n'en a pas moins manifesté l'intention de faire condamner le coupable.

Du reste, l'examen des textes criminels vient corroborer cette opinion. L'art. 637, en indiquant, d'une manière générale, que les actes d'instruction et de poursuite sont interruptifs de la prescription, n'exige nullement qu'ils aient été posés devant la juridiction compétente. D'un autre côté, il est bon d'observer que le tribunal mal à propos saisi n'est pas tenu de prononcer la nullité de la poursuite ; il doit se borner à déclarer son incompétence. Les art. 192 et 193 C. inst crim., loin de prescrire l'annulation de la citation, donnée devant un tribunal incompétent, lui attribuent, au contraire, certains effets ; ces actes de poursuite ont donc une existence légale, ils sont interruptifs de la prescription (1).

La citation, régulière, donnée devant un tribunal incompétent conservera l'action, même si elle a été donnée sciemment par la partie poursuivante (2). Nous en déduisons cette conséquence immédiate, c'est que l'inaction du ministère public ne saurait en aucun cas priver la partie lésée de ses droits, puisque, même dans les affaires criminelles, où la citation directe n'est

_____

(1) V. Garraud, t. 2, nᵒ 65 ; — Morin, Rép. Vᵒ, Prescription, nᵒ 26 ; — Faustin Hélie, t. 3, p. 728 ; — Cass. 10 mai 1838 (S. 38-1-981) ; 5 juin 1841 (S. 42-1-946) ; 5 mai 1865 (S. 65-1-426) ; 14 mars 1884 (D. 85-1-90).

(2) Cass. 29 mars 1884 (D. 85-1-183).

pas admise, elle aura la faculté de porter son action devant le tribunal correctionnel, sauf à cette juridiction à se déclarer incompétente.

De même, la citation sera interruptive de la prescription, alors que l'incompétence tient à un privilège inhérent à la personne du coupable, qui le rend justiciable d'une autre juridiction. C'est ainsi que de nombreux arrêts ont décidé que les poursuites exercées devant le tribunal correctionnel soit par la partie lésée, soit par le ministère public, soit par une administration, avaient interrompu la prescription, alors que le prévenu, à raison de sa qualité de magistrat ou d'officier de police judiciaire, jouissait du privilège personnel de n'être jugé que par la première chambre de la Cour d'appel et de n'y être traduit qu'à la requête du Procureur général, aux termes des art. 479 C. inst. crim. et 10 de la loi du 20 avril 1810 (1). Les décisions que nous avons analysées semblent avoir jugé également que, non seulement les actes de poursuite qui ont précédé la déclaration d'incompétence, mais encore le jugement par lequel le tribunal se déclare incompétent, sont des actes interruptifs.

S'il peut paraître singulier, au premier abord, d'imprimer la qualification d'acte de poursuite ou d'instruction à un jugement déclarant qu'il ne peut connaître de l'affaire qui lui est soumise, il faut se souvenir cependant que la décision se rattache d'une manière directe à l'infraction imputée au coupable; c'est une mesure nécessaire pour parvenir au jugement de

(1) Toulouse, 17 nov. 1835 (S. 36-2-150); Orléans, 31 déc. 1835 (S. 36-2-151) ; Cass. 18 avril 1846 (*Bull. crim.* 98) ; 7 septembre 1849 (*Bull. crim.* 235); 3 avril 1862 (*Bull. crim.* 101) et 29 mars 1884 précité.

l'affaire. Elle constitue, par suite, un acte de poursuite qui doit interrompre la prescription (1).

Nous avons vu que l'acte interruptif avait pour effet de déterminer un nouveau point de départ de la prescription qui recommence à partir du dernier acte d'instruction ou de poursuite. Mais on peut se demander si la prescription nouvelle, qui prend naissance après une première interruption, peut elle-même être interrompue de nouveau et ainsi, indéfiniment, par des actes d'instruction ou de poursuite successifs. Doit-on appliquer, en matière pénale, le principe du droit civil d'après lequel l'application des actes interruptifs se fait d'une manière indéfinie ?

Oui, répondrons-nous avec la majorité des auteurs et la jurisprudence ; la prescription étant interrompue par un acte d'instruction ou de poursuite, on se trouve en présence d'une nouvelle prescription de dix ans ou de trois ans qui peut être interrompue à son tour tant qu'un autre délai de dix ans ou de trois ans ne sera pas expiré (2).

Cependant plusieurs criminalistes soutiennent le système contraire (3) ; ils posent, en principe, qu'il n'y a d'autres actes d'instruction ou de poursuite faits en temps utile que ceux qui sont faits dans le laps de dix ans depuis le jour de l'infraction, s'il s'agit d'un crime, et de trois ans s'il s'agit d'un délit. Cette

(1) Bourges, 29 novembre 1842 (S. 43-2-489).

(2) Villey, p. 257 ; — Le Sellyer, t. 2, n° 478 ; — Mangin, t. 2, n° 334 ; — Normand, n° 926 ; — Cass. 24 mai 1884 (D. 86 1-143) ; — Montpellier, 5 mars 1887 (S. 88-2-161).

(3) Labroquère, *Revue critique*, 1861, t. 19, p. 169 ; — Ortolan, t. 2, n° 1870 ; — Garraud, t. 2, p. 102 ; — Laborde (n°s 882 et s.) ; — Dalloz, *Supplément*, V°. *prescrip. crim.*, n° 191.

doctrine se résume à dire qu'en matière criminelle, la prescription peut être interrompue non pas seulement une fois, comme l'a dit inexactement la Cour de Montpellier dans un arrêt du 5 mars 1887 précité, mais autant de fois que l'acte d'instruction ou de poursuite est accompli, à la condition, toutefois, que cet acte intervienne dans le délai fixé pour la prescription. Ce délai ne pourra donc jamais excéder le double du temps déterminé par la loi, c'est-à-dire vingt ans en matière criminelle, et six ans en matière correctionnelle (1).

Admettre que les interruptions peuvent se produire à l'infini disent les partisans de l'opinion que nous combattons, c'est rétablir dans notre droit pénal des délits imprescriptibles ; « en, renouvelant périodiquement l'acte interruptif, la citation, par exemple, reprend M. Laborde (loc. cit.), la veille de l'expiration de la nouvelle prescription, on rendrait possible une condamnation dix ans, vingt ans, et même plus longtemps, après le délit, car il n'y a point de limite ».

Mais une objection à peu près semblable pourrait être faite en matière civile, et cependant elle n'a pas arrêté le législateur ; pourquoi ce motif serait-il plus décisif en matière pénale ? Le fondement de la prescription importe peu à ce point de vue.

De plus, dans les courtes prescriptions, la partie lésée serait bien souvent victime des lenteurs et des formalités de la pro-

---

(1) Ce système, suivi par les criminalistes belges (Cousturier, nos 18 et s. ; Hoorbecke, p. 64 et s. ; Haus, nos 1253 et 1254), a été législativement consacré par l'art. 16 de la loi belge du 17 avril 1878, ainsi conçu: « La prescription ne sera interrompue « que par les actes d'instruction ou de poursuite faits dans les « délais de 10 ans, 3 ans et 6 mois, à compter du crime, du délit « ou de la contravention ».

cédure ; il y aurait déchéance de son droit sans qu'aucune faute lui soit imputable.

Il est vrai que les adversaires de l'opinion que nous défendons ne s'arrêtent pas à ces considérations ; les textes, continuent-ils, ne se prêtent pas à un système d'interruption indéfini « en effet, dit Cousturier (loc. cit.), après avoir statué que les actions se prescriront par dix ans à compter du jour où le crime aura été commis, si, dans cet intervalle, il n'a été fait aucun acte d'instruction ou de poursuite, l'art. 637 ajoute : S'il a été fait, dans cet intervalle, des actes d'instruction ou de poursuite, l'action publique et l'action civile ne se prescriront qu'après dix années révolues à compter du dernier acte. Ce dernier acte, c'est le dernier de ceux qui ont été faits dans l'intervalle de dix années, à compter du jour du crime ». La loi n'attribue donc pas ce pouvoir interruptif aux actes faits après ce premier intervalle de dix ans.

Ce système, ingénieux, il est vrai, se trouve en contradiction tant avec le texte qu'avec l'esprit de la loi. Le législateur ayant indiqué un laps de dix ans, pour la prescription des actions résultant d'un crime, y fait exception pour le cas où il est intervenu des actes d'instruction ou de poursuite. Mais le législateur n'explique nullement que, seuls, les actes faits dans la première période de dix ans seront valables ; il se borne à déclarer que l'interruption n'aura pas lieu si les actes n'ont pas été posés dans le délai fixé par la loi.

M. Laborde prétend que c'est vouloir « nier l'évidence » et il rétablit le texte en supprimant les mots « dans cet intervalle » pour prouver qu'ils n'étaient pas nécessaires et qu'ils ne peuvent avoir pour but que de signifier que les actes d'instruction ou de poursuite, accomplis après les dix ans, n'ont pas d'effet interruptif.

Cet argument ne nous semble pas suffisant pour faire admettre l'opinion de cet auteur. La loi vient de dire que l'action est prescrite après dix ans si, dans cet intervalle, il n'a été fait aucun acte d'instruction ou de poursuite. Il faut bien admettre que, dans cette première disposition, les mots « dans cet intervalle » sont nécessaires puisque la prescription serait accomplie si les premiers actes n'étaient pas posés dans ce délai. M. Laborde supprime ces mots, mais ils y sont sous-entendus, et le texte est un peu moins clair que celui de la loi. L'art. 637 ajoute « s'il a été fait dans cet intervalle des actes d'instruction ou de poursuite non suivis de jugement. » Cette seconde disposition est exactement le contrepied de la première ; elle vise l'hypothèse contraire ; elle devait donc, par conséquent, reprendre exactement les termes du premier alinéa, mais en supprimant la négative, et c'est ce qu'elle fait.

En somme, en écrivant les mots « dans cet intervalle » le législateur n'a fait que rendre sa pensée plus précise.

La loi du 29 juillet 1881 édicte, dans son art. 65, une prescription de trois mois en matière de délits de presse et rappelle le principe d'interruption posé dans l'art. 637 C. inst. crim. Or comment s'exprime l'art. 65 : « L'action publique et l'action civile résultant des crimes, délits et contraventions prévus par la présente loi se prescriront après trois mois écoulés, à compter du jour où ils ont été commis, ou du jour du dernier acte de poursuite, s'il en a été fait ». Ce texte ne reproduit pas les mots « dans cet intervalle » et l'on ne pourrait manifestement pas, sans le violer, refuser le caractère interruptif à tout acte

10

de poursuite posé même après les trois mois à compter de l'infraction, tant que la prescription n'est pas acquise.

On ne doit pas davantage argumenter des dispositions des lois de 1791 et de brumaire an IV qui admettaient l'interruption dans la première période, seulement, qui suivait le jour où l'existence de l'infraction avait été connue ou constatée. Les rédacteurs du Code d'instruction criminelle se sont, en effet, fort peu préoccupés des législations antérieures, sur ce point.

Sous l'empire du Code de brumaire, l'art. 10 limitait, en termes exprès, à six années, la durée des actions criminelles ou civiles lorsque des poursuites avaient été exercées dans les trois ans de l'infraction ; mais il s'agissait moins d'une véritable interruption que d'une prorogation de délai qui était porté au double. Il faut remarquer, du reste, que la prescription ne courait qu'à compter du jour où l'existence du délit avait été légalement constatée (art. 9) ; il était, dès lors, assez naturel de limiter la durée de l'action à un laps de temps assez restreint. Le point de départ ayant été modifié dans notre législation et se comptant à partir de l'existence du délit, il est très raisonnable d'admettre que l'action peut être conservée par des actes d'instruction ou de poursuite faits pour parvenir à la constatation du délit et à la recherche des coupables.

M. Garraud (loc. cit.) ajoute, aux arguments de la doctrine qu'il soutient, que si l'on admettait le système des interruptions indéfinies, ce serait « donner au ministère public le pouvoir arbitraire de laisser ou non prescrire une action pénale contre qui il lui plairait ».

Mais, pouvons-nous répondre, il n'est pas permis de supposer des abus et des prévarications pour restreindre la portée d'un principe admis par le législateur.

Nous persistons à penser qu'à partir de l'acte interruptif, une nouvelle prescription recommence à courir qui peut-être elle-même interrompue par un acte d'instruction ou de poursuite accompli dans le délai de la prescription à compter du dernier acte et ainsi de suite jusqu'à ce que la prescription soit acquise par l'expiration du laps de dix ans ou de trois ans sans interruption.

Mais lorsqu'il s'agit des prescriptions de courte durée, quel est l'effet de l'acte interruptif au point de vue du nouveau délai de la prescription.

Ce point est vivement controversé.

Certains auteurs pensent que ce n'est plus le délai primitif qui recommence à courir, mais bien celui fixé par les art. 637 et 638 qui forment le droit commun de la matière (1). Un délit de chasse, par exemple, vient à être commis ; si l'action publique ou l'action civile sont intentées dans le délai de trois mois prévu par l'art. 29 de la loi du 3 mai 1844, ces actions ne pourraient plus s'éteindre que par la discontinuation des poursuites pendant trois années, conformément à l'art. 638 C. inst. crim. puisque la loi spéciale ne dispose pas pour le cas où la prescription a été interrompue.

Nous ne pouvons accepter une pareille théorie ; c'est en vain que nous chercherions le motif pour lequel l'acte interruptif aurait pour résultat de changer le caractère et la nature de la

_____

(1) Carnot, *Instruction criminelle*, t. 3, p. 744 ; — Mangin, t. 2, n° 358 ; Vazeille, n°s 771 et 784 ; — Bourguignon, t. 2, p. 753 ; — Sourdat, t. 1, n° 399 bis.

prescription primitive, en lui substituant la prescription ordinaire puisqu'il ne modifie pas le caractère propre le l'infraction qui, seul, a motivé une abréviation de délai (1).

Que le droit commun s'applique lorsque la durée de la
prescription n'est pas prévue par la loi spéciale, rien n'est
plus naturel et il ne pouvait raisonnablement en être autrement. Mais lorsque le législateur a eu soin, mesurant le délit,
ses conséquences et surtout les inconvénients graves qui pourraient résulter d'une trop longue prescription, d'abréger les
délais du code d'instruction criminelle, relativement aux infractions d'une minime importance, on n'aperçoit aucune bonne
raison pour prolonger cette prescription. « Il n'est pas possible, comme le dit M. Brun de Villeret (n° 460), de supposer
que le législateur ait voulu, une fois la poursuite commencée,
revenir aux délais ordinaires et admettre une prescription plus
longue, précisément à une époque où le délit étant constaté et
le coupable découvert, rien ne s'oppose à ce que la partie
poursuivante obtienne une décision dans un délai très court
ou, tout au moins, puisse conserver l'action par des actes
d'instruction ou de poursuite ».

Nous ne saurions nous arrêter, avec les adversaires de
l'opinion que nous soutenons, à cette objection que le droit
commun des art. 637 et 638 devient applicable parce que les
lois spéciales ne s'occupent pas des effets de l'interruption de
la prescription exceptionnelle qu'elles ont établie. Si le code
d'instruction criminelle, en effet, s'est expliqué sur le résultat

(1) V. Le Sellyer, t. 2, n° 262 ; — Faustin Hélie, t. 3, p. 737 ;
— Cousturier, n° 118 ; — Laborde, n° 881 ; — Desjardins,
Revue critique, 1884, p. 82 ; — Normand, n° 927 ; — Garraud,
t. 2, p. 105, note 32.

des actes de poursuite ou d'instruction, c'est qu'il a introduit une disposition nouvelle, le principe de l'interruption qui n'était pas adopté dans l'ancienne jurisprudence. Une fois cette règle admise par le droit commun, les lois spéciales n'avaient plus à s'occuper des effets de l'interruption, la règle générale reprenait toute sa force, à moins qu'un texte formel n'apportât de dérogation aux principes ordinaires. On peut en voir un exemple dans l'art. 29 de la loi du 26 mai 1819, aujourd'hui abrogé, et qui fixait à une année la prescription des délits commis par voie de publication, en ce qui concerne l'action publique, lorsqu'il y avait eu un acte de poursuite dans les six mois du délit.

La jurisprudence témoigne, soit de la part de la Cour de cassation, soit de celle des Cours d'appel, d'une grande hési-tation sur la question qui nous occupe.

La Cour suprême a d'abord décidé nettement que l'acte interruptif, en ce qui concerne les prescriptions de courte durée, prorogeait la prescription pour une période de temps égale à celle fixée par l'art 638 C. instr. crim (1) ; il s'agissait prin-cipalement, dans ces espèces, de délits forestiers ou de délits de chasse. Mais en matière de délit rural, et par arrêt du 28 juin 1870 (2), la Cour de cassation revenait sur sa propre jurisprudence et se mettait en contradiction avec un précédent arrêt du 4 octobre 1851 (3) statuant sur un délit du même genre.

(1) 6 fév. 1824 (*Bull*. 22) ; 8 mai 1830 (S. 30-1-248) ; 1er mars 1832 (D. 32-1-147) ; 5 juin 1841 (S. 42-1-746) ; 16 août 1844 (S. 45-1-124).

(2) S. 71-1-261.

(3) *Bulletin* 441.

Aujourd'hui, la jurisprudence décide généralement en matière de chasse, qu'il ne résulte ni de la loi du 3 mai 1844, ni d'aucune autre loi applicable aux actions pour délits de chasse, que ces actions, lorsqu'elles ont été intentées dans le délai prescrit, puissent être déclarées éteintes parce qu'il se serait écoulé plus de trois mois sans poursuites depuis le dernier acte interruptif (1).

Lorsqu'il s'agit, au contraire, de délits électoraux pour lesquels la prescription est réduite à trois mois par le décret du 2 février 1852, le système que nous soutenons est approuvé par la Cour de cassation elle-même « parce que la volonté du législateur de faire juger les crimes et délits électoraux dans un court espace de temps est trop formellement exprimée pour qu'on puisse, sans violer tout à la fois l'esprit et le texte général de la loi, laisser le sort des prescriptions à la merci des parties intéressées » (2).

C'est précisément cette même raison qui justifie, pour nous, la généralisation de cette prétendue exception à tous les délits dont la prescription est de courte durée. En effet, « interrompre la prescription, dit M. Troplong (op. cit. n° 536), c'est lui apporter un obstacle qui rend inutile le temps écoulé et le force à recommencer comme si elle n'avait jamais eu de principe d'existence. »

L'interruption de la prescription et la conservation de l'action par suite de l'acte interruptif pendant un nouveau délai

(1) Cass. 13 avril 1883 (S. 84-1-360) ; Paris, 23 juillet 1884 (S. 84-2-179) ; Lyon, 22 juillet 1890 (S. 91-2-21) ; Alger, 23 février 1895 (S. 97-2-196).

(2) V. Cass. 16 juin 1865 (S. 65-1-387) ; Montpellier 5 mars 1887 précité ; Bastia, 21 mai 1889 et 5 février 1890 (S. 90-2-55).

égal à celui fixé par la prescription de cette action sont deux faits corrélatifs qui doivent se produire d'une manière invariable, à moins qu'on ne rencontre dans la loi une exception nettement formulée.

Certains arrêts se sont fondés cependant, pour soutenir l'opinion contraire sur l'art. 65 de la loi du 29 juillet 1881 qui édicte que la prescription des actions publique et civile, résultant des infractions en matière de presse, est acquise après trois mois révolus à compter du jour où ces infractions ont été commises ou du jour du dernier acte de poursuite, s'il en a été fait. « Considérant qu'à la différence de l'art. 56 de la loi du 29 juillet 1881, dit l'arrêt de la Cour de Paris du 23 juillet 1884, l'art. 29 de la loi du 3 mai 1844, sur la chasse, ne dit pas que la même prescription de trois mois recommence à courir à partir du dernier acte de poursuite ; [qu'il est de principe que, dans le silence des lois spéciales, le juge doit recourir au droit commun pour tous les cas qu'elles n'ont pas prévus.] » C'est bien la preuve, dit-on, que, lorsque le législateur a voulu maintenir, après l'interruption, le délai primitif, il l'a expressément déclaré.

Mais le silence du législateur, dans la plupart des lois spéciales, est bien loin d'équivaloir à une manifestation quelconque de son intention de modifier la prescription qu'il vient d'établir ; il doit bien plutôt être considéré comme la confirmant.

En somme, il faudrait distinguer deux périodes dans la prescription des délais spéciaux : le délai dans lequel l'action doit être intentée à peine de déchéance et celui dans lequel se produisent les divers actes de l'instance ; la prescription prévue par la loi spéciale serait applicable à la première période ; la prescription ordinaire à la seconde. En réalité, il y aurait deux prescriptions différentes applicables à la poursuite du même fait.

Ce résultat devrait suffire, indépendamment des considérations que nous avons déjà fait valoir, à faire rejeter cette théorie.

§ 2. — Interruption de la prescription de l'action civile résultant d'une contravention

L'interruption de la prescription obéit ici à des règles toutes spéciales ; aux termes de l'art. 640 C. inst. crim., en effet, l'action publique et l'action civile pour une contravention de police seront prescrites après une année révolue à compter du jour où elle aura été commise, même lorsqu'il y aura eu procès-verbal, saisie, instruction ou poursuite, si, dans cet intervalle il n'est intervenu de condamnation.

Il suit de là qu'un jugement préparatoire ou interlocutoire n'aura, en matière de police, aucune force interruptive (1). La prescription n'est interrompue que par un jugement de condamnation.

Si, même, le jugement est en dernier ressort, la prescription de l'action est définitivement éteinte et c'est la prescription de la condamnation qui commence.

S'il s'agit, au contraire, d'un jugement de condamnation de nature à être attaqué par la voie de l'appel, c'est-à-dire rendu en premier ressort, le 2º al. de l'art. 640 déclare que l'action publique et l'action civile se prescriront après une année révo-

---

(1) Cass. 24 août 1882 (S. 84-1-352).

lue à compter de la notification de l'appel qui en aura été interjeté.

Or, aux termes de l'art. 172 C. inst. crim., les jugements de simple police ne sont susceptibles d'appel que lorsqu'ils prononcent un emprisonnement ou lorsque les peines pécuniaires, les amendes, restitutions ou autres réparations civiles excèdent la somme de cinq francs outre les dépens ; d'où il résulte que les personnes qui peuvent se porter appelantes sont seulement celles qui ont été condamnées : inculpés, personnes civilement responsables et parties civiles, car ce texte doit être interprété limitativement. Il ne faut pas oublier, en effet, que l'art. 172 contient une innovation sur le Code de brumaire an IV (art. 153) sous l'empire duquel tous les jugements des tribunaux de simple police étaient en dernier ressort et ne pouvaient être attaqués que par la voie de la cassation.

Lorsque le jugement susceptible d'appel est contradictoire, cet appel devra être interjeté dans les dix jours de sa prononciation depuis la loi récente du 6 avril 1897, et non plus seulement, comme sous la rédaction de 1808, dans les dix jours de la signification. En outre, l'appel sera interjeté par déclaration au greffe du tribunal qui a rendu le jugement, conformément à l'art. 203 C. inst. crim.

Si le jugement est par défaut, le délai d'appel court, comme en matière correctionnelle, à partir de la signification du jugement. Mais pour que l'opposition à ces jugements pût aboutir, il faudrait que le tribunal prononçat dans l'année de la contravention (1).

Pour M. Cousturier (n° 22), le jugement par défaut pronon·

(1) V. Mangin, t. 2, n° 359.

çant une condamnation serait interruptif de la prescription. « L'art. 640, dit-il, ne distingue pas entre la condamnation par défaut et celle prononcée contradictoirement ; l'une et l'autre entraînent la prorogation de l'action. »

Cependant l'examen du texte en question conduit à décider que l'opinion de cet auteur est erronée. En effet, après avoir déclaré que l'action est éteinte si, dans le délai d'un an, il n'est pas intervenu de condamnation, l'art. 640 ajoute immédiatement que le délai est prorogé « s'il y a eu un jugement définitif de première instance, de nature à être attaqué par la voie de l'appel. » On ne peut séparer ces deux propositions dont la seconde sert à indiquer le sens de la première et à la compléter (1).

Dans les cas où le jugement de condamnation interrompt la prescription, celle-ci reprend son cours à partir de ce jour, et l'appel, point de départ nouveau de la prescription, doit être formé dans l'année lorsqu'il s'agit de jugement par défaut. Nous croyons, en effet, que la prescription n'est pas interrompue jusqu'à la signification du jugement qui pourrait se produire plus d'une année après le prononcé de la sentence.

L'art. 640 ne mentionnant que l'appel comme acte interruptif de la prescription, on s'est demandé quel pouvait être l'effet du pourvoi en cassation, en matière de simple police.

Remarquons d'abord que cette question se pose aussi bien en ce qui concerne le pourvoi du ministère public ou de la partie civile qu'en ce qui touche celui du condamné puisque, à la différence de l'appel, le pourvoi peut être formé en cas d'acquittement comme en cas de condamnation (art. 177 et 413 C. inst. crim.)

(1) *Contra* : Cass. 3 juin 1858 (D. 58-1-381).

De nombreux systèmes ont été proposés pour la solution de cette question.

D'après une première opinion, à laquelle nous nous rallions et qui nous paraît seule juridique, le recours en cassation ne peut pas augmenter le délai de la prescription ; l'art. 640, sainement interprété, est formel pour le décider ainsi, puisque c'est seulement par exception que ce texte a considéré l'appel comme un acte interruptif. Quelles que soient donc les diverses phases que parcourt une affaire de simple police par suite des pourvois successifs dont les décisions intervenues sont l'objet, c'est toujours dans l'année qu'il doit être statué sur l'action résultant de la contravention (1).

On objecte, il est vrai, que cette doctrine présenterait, dans la pratique, de graves inconvénients parce que l'action pourrait se trouver prescrite, malgré toutes les diligences faites à ce sujet, avant que le fond de l'affaire n'ait été définitivement jugé. Nous reconnaissons les difficultés qui peuvent surgir dans la pratique, mais ce n'est pas une raison suffisante pour tourner le sens de la loi.

Certains auteurs reconnaissent au pourvoi du condamné l'effet interruptif qu'ils refusent au recours du ministère public (2). S'il en était autrement, dit-on, si le pourvoi du condamné laissait courir la prescription de l'action sans l'interrompre, il pourrait se produire contre des jugements rendus lorsque, déjà, l'année était près d'expirer, et, bien qu'il fût

---

(1) En ce sens : Le Sellyer t. 2, n° 512 ; — Cousturier, n° 43 ; — Villey p. 244 ; — Normand n° 928 ; — Garraud t. 2, n° 65 *bis* ; — Laborde n° 888.

(2) V. note de M. Villey, sous cass. 16 avril 1880 (S. 81-1-137).

mal fondé, il y aurait danger de ne pas obtenir arrêt avant l'accomplissement de la prescription.

Cette distinction ne saurait être admise. L'art. 640 dispose, en termes absolus, que l'action publique et l'action civile pour une contravention de police se prescrivent par une année, si dans cet intervalle, il n'est pas intervenu de condamnation. Tel est le principe auquel le deuxième alinéa apporte une exception : s'il a été rendu un jugement susceptible d'appel, les deux actions ne se prescriront qu'une année après l'appel. On ne saurait donc dire que la loi n'a pas prévu de cas où des retards seraient apportés au jugement définitif par le recours du condamné puisqu'elle a dit que l'appel serait interruptif sous certaines conditions. Or elle ne parle pas du pourvoi ; il est pourtant difficile d'admettre que le le législateur, pensant à l'appel et en réglant les effets, n'ait pas songé au pourvoi.

Et maintenant, si le pourvoi du condamné n'a pas d'effet interruptif, comment reconnaître cet effet au pourvoi du ministère public ? Ce pourvoi n'est-il pas un acte de poursuite et l'art. 640 ne nous a-t-il pas dit que la prescription courait nonobstant tous actes d'instruction et de poursuite ?

Dans un deuxième système, on assimile le pourvoi en cassation à l'appel, au point de vue de l'effet interruptif : la prescription ne doit s'accomplir qu'un an après la date du pourvoi, mais il est indispensable qu'il intervienne un jugement définitif avant l'expiration de l'année, malgré les incidents qui pourraient s'opposer à ce qu'il soit statué dans ce délai.

« En matière de simple police, dit M. Rauter (n° 854) l'action publique et l'action civile seront prescrites par le seul fait de l'écoulement d'une année à compter de la notification de l'appel du jugement qui aura été rendu, ou du pourvoi en cassation pris contre ce jugement. » (1)

M. Sourdat (t. 1, n° 399), qui avait, d'abord, été partisan de la doctrine que nous admettons, se base uniquement sur les nécessités pratiques pour se rallier à ce système « La faculté de se pourvoir, dit-il, ayant été accordée aux parties, il faut qu'elles puissent en obtenir l'effet que la loi a en vue ; d'ailleurs, le pourvoi, arrêtant toute autre voie de poursuite ou d'instruction et aussi l'exécution du jugement, doit nécessairement faire revivre l'action. »

Cette doctrine ne saurait être suivie : il n'appartient pas à l'interprète d'étendre arbitrairement au pourvoi en cassation un texte qui ne se réfère qu'à la voie de l'appel.

D'ailleurs, même en adoptant ce système, comprendrait-on le motif pour lequel la prescription ne serait pas interrompue toutes les fois que la même affaire serait l'objet de pourvois successifs par suite de l'annulation des décisions rendues.

Le troisième système, auquel se rattache la Cour de cassation, soutient que le pourvoi est non-seulement interruptif, comme dans l'opinion précédente, mais encore suspensif et que la prescription ne recommence à courir qu'à partir de l'arrêt de cassation portant renvoi (2).

Enfin, une dernière opinion, consacrée par la jurisprudence belge, considère le pourvoi comme ayant un caractère purement suspensif, mais seulement pendant la durée de l'instance en cassation ; sans doute, la condamnation doit bien

(1) V. également Orléans, 11 mars 1836 (S. 36-2 862).

(2) Cass. 21 juin 1878 (S. 79-1 89) ; 16 avril 1880 (S. 81-1 137) 7 février 1885 (S. 86-1 446) ; Chauveau et F. Hélié, *Revue des revues de droit* (t. I, p. 107).

intervenir dans le délai fixé par l'art. 640, mais il faut défalquer tout le temps qui a couru depuis le pourvoi jusqu'à l'arrêt en cassation, car, dit on, il y a alors impossibilité d'action et, par suite, suspension.

Ce qu'il ne faut par perdre de vue, c'est qu'il reste toujours pour le ministère public ou la partie civile l'obligation d'obtenir un jugement irrévocable dans les délais fixés par l'art. 640 (1) ; ils ne peuvent déduire que le temps écoulé pendant la procédure en cassation. Ainsi supposons qu'un premier jugement intervienne six mois après le jour de la contravention ; si ce jugement, objet d'un recours, a été cassé, la partie publique et la partie civile n'auront que six mois pour faire juger l'affaire, du jour où l'arrêt de cassation leur aura été notifié.

Mais, peut-on répondre, l'art. 640 ne porte pas trace d'une pareille distinction ; ce texte nous indique d'une manière suffisamment claire que l'action publique et l'action civile seront prescrites après une année révolue depuis la contravention, s'il n'y a pas eu condamnation.

Quant à la suspension, motivée par l'impossibilité d'agir où se trouvent les parties, c'est une grave question, précisément que celle de savoir si la prescription criminelle peut-être suspendue, ainsi que nous allons le voir dans la section suivante.

SECTION II

La prescription de l'action civile peut-elle être suspendue ?

En droit civil, comme nous l'avons vu, outre qu'elle peut être interrompue, la prescription peut encore être suspendue

(1) Brun de Villeret, n° 322. — V. aussi Hoorbecke, p. 165

par certaines causes limitativement énumérées dans les art. 2252 à 2259 C. C. Le principe est, en effet, que « la prescription court contre toutes personnes, à moins qu'elles ne soient dans quelque exception établie par la loi » (art. 2251)

Le Code civil a, notamment, suspendu la prescription au profit des mineurs et des interdits. Nous devons nous demander si ces causes sont suspensives de la prescription en matière criminelle.

Dans l'ancien droit, la question était certaine : « La prescription courait tant contre les majeurs que contre les mineurs, la minorité de la partie intéressée à rendre plainte n'étant pas un cas de suspension. » (1)

Ce principe est encore vrai aujourd'hui. La suspension établie en faveur des mineurs par le Code Civil, est, en effet, spéciale aux matières civiles et ne s'applique même pas à toutes les prescriptions et déchéances du droit civil. Ainsi, sans parler des exceptions formulées par l'art. 2278, il est, dans le Code Civil même et dans le Code de procédure, des prescriptions dont la minorité ne suspend pas le cours. On peut citer notamment l'action en rescision pour cause de lésion, la péremption d'instance, le délai de l'appel, toutes les déchéances de procédure, la péremption décennale des inscriptions hypothécaires (2). L'art. 2252 ne s'applique pas davantage aux prescriptions du Code de commerce. On ne peut donc pas prétendre que ce texte doive s'appliquer dans toutes les matières du droit et qu'il puisse notamment s'étendre aux matières criminelles.

---

(1) Rousseau de Lacombe, part. III, chap. I, p. 238.

(2) V. Troplong (op. cit.) no 1038

Du reste, le législateur assimile complétement, au point de vue de la prescription, l'action civile à l'action publique. Peut-on introduire, dans ce système précis et rigoureux du droit criminel, une distinction en faveur de l'action civile seule, et appliquer à cette action l'art. 2252 ? Et lorsque la durée de la prescription ne peut être modifiée ni à raison de la juridiction, ni à raison de la partie poursuivie, peut-on prétendre la modifier à raison de la minorité de la partie lésée? La durée de la prescription ne serait plus fixe, comme le désire le législateur, mais variable, incertaine, changeant suivant l'âge des personnes au nom desquelles on exercerait l'action civile.

En 1842, la Cour de Lyon (1) a eu à statuer sur la question, qu'on est vraiment surpris de voir se poser, de savoir si la minorité des parties lésées est une cause interruptive de la prescription. La même question s'est présentée au point de vue de suspension ; il a été répondu, avec raison, négativement (2). C'est aux représentants légaux des mineurs qu'il appartient de faire valoir les droits de ces derniers et de sauvegarder leurs intérêts, en exerçant, dans les délais voulus, les actions qui leur appartiennent. «Attendu, dit la Cour de cassation dans un arrêt du 1ᵉʳ février 1882 qui statuait pour la première fois sur ce point, qu'il s'agit ici non des prescriptions ordinaires édictées par la loi civile, mais d'une prescription spéciale et d'ordre public, soumise aux règles du droit criminel ; que l'action civile est assimilée, à cet égard, à

(1) Arrêt du 17 juin 1842 (S. 42-2-343).

(2) V. Dijon 27 juin 1866 (D. 66-2-152 ; cass. 1ᵉʳ février 1882 (S. 83-1-155) ; Bourges, 27 juillet 1885 (S. 87-2-169) ; Nancy, 13 novembre 1897 (Gaz. du Pal. numéro du 4 mars 1898).

l'action publique alors même qu'elle serait portée devant la juridiction civile ; que le Code d'instruction criminelle ne prévoit pas que la prescription de l'action puisse être suspendue par la minorité de la partie poursuivante ; qu'une telle cause de suspension serait en opposition avec l'esprit de la loi et le caractère de la prescription criminelle dont la durée doit être fixe et invariable pour l'action civile comme pour l'action publique. »

Les auteurs admettent cette doctrine (1).

On doit décider également que la prescription court au profit du coupable contre l'action en réparation d'une infraction qui appartiendrait à un interdit ; pas plus que le mineur, il ne pourrait invoquer les règles du droit civil pour tenter d'échapper à la prescription.

La prescription ne serait pas, non plus, suspendue au cas où l'auteur du fait délictueux viendrait à perdre la raison postérieurement à l'infraction ; la responsabilité de l'agent existant alors pleinement, la partie lésée peut, en faisant nommer un tuteur au prévenu, poursuivre contre lui sa demande en dommages-intérêts, et si elle reste dans l'inaction pendant le temps de la prescription, son action sera prescrite.

Bien entendu, la question ne se pose pas dans l'hypothèse où l'agent était inconscient ou poussé par une force irrésistible lors de l'infraction, car aux termes de l'art. 64 C. pén. « il n'y a ni crime, ni délit lorsque le prévenu était en état de démence au temps de l'action ou lorsqu'il a été contraint par une force à laquelle il n'a pu résister ». La démence et la force

(1) V. notamment Legraverend, t. 1, p. 79 ; — Sourdat, t. 1, n° 403 ; — Garraud, t. 2, n° 70 bis ; — Mangin, t. 2, n° 360 ; — Vazeille, n° 270.

majeure produisent donc les mêmes effets au point de vue pénal ; il en est de même au civil ; c'est ainsi qu'il a été jugé, spécialement en cas de démence, que le fait commis en cet état ne saurait donner ouverture à une action civile « attendu que, par l'emploi de l'expression faute, l'art. 1382 C. c. suppose évidemment un fait dépendant de la volonté ; que les aliénés, n'ayant pas de volonté libre et étant incapables de discernement, ne sauraient être responsables des actes dommageables par eux accomplis en état de démence (1) ».

En dehors des cas de minorité et d'interdiction, au sujet desquels on s'accorde, en général, pour reconnaître que ce ne sont pas là, en droit pénal, des causes de suspension de la prescription, les auteurs sont divisés sur le point de savoir si la prescription criminelle peut être suspendue.

Dans l'ancien droit, les empêchements même de force majeure ne mettaient pas obstacle à la prescription. C'est ainsi qu'il avait été jugé par deux arrêts du Parlement de Paris, à la date des 18 décembre 1599 et 27 juillet 1610, que « la prescription avait couru pendant les troubles, même entre personnes des deux partis, l'art. 59 de l'édit de Nantes ne s'entendant que de la prescription en matière civile et non en matière criminelle ».

Il en était autrement en droit civil : les causes de suspension de la prescription étaient laissées au pouvoir discrétionnaire du juge qui n'avait d'autre guide, en cette matière, que la maxime : « *Contra non valentem agere, non currit præscriptio* ».

S'il peut paraître équitable de ne pas faire courir la pres-

---

(1) Tribunal de la Seine, 5 mai 1892.

cription contre celui qui est dans l'impossibilité d'agir pour la
conjurer, il n'en est pas moins vrai que l'ancienne règle avait
provoqué de tels abus que les dispositions légales sur la prescription étaient rendues le plus souvent inutiles quoiqu'elles
aient pour fondement les plus puissantes considérations d'intérêt social, tant étaient nombreuses les exceptions que suggé-
rait l'esprit d'équité.

Le législateur du Code civil connaissait ces abus ; il est donc
naturel de penser qu'il a abandonné la règle qui les causait ;
et ce qu'il y a de certain c'est qu'il ne l'a reproduite nulle
part. Mais comment croire qu'il la tolère lorsque, après avoir
posé la règle inflexible de l'art. 2251, on le voit ne pas comprendre, parmi les personnes privilégiées contre lesquelles la
prescription ne court point, ceux qui, par suite de quelque
évènement de force majeure, sont dans l'impuissance d'agir et
de faire valoir leurs droits ?

Malgré ces raisons, la jurisprudence décide, d'une façon
constante, que la maxime « *contra non valentem agere...* »
doit recevoir encore aujourd'hui son application, non seulement
en matière civile, mais encore, ce qui est plus grave, en matière
criminelle (1). Or le Code d'instruction criminelle est absolument muet sur la suspension de la prescription ; les art. 637 et
suivants n'y font nullement allusion, dès lors, nous avons le
droit de dire que la prescription n'est jamais suspendue en
matière criminelle, quelles que soient les circonstances qui
mettent la partie lésée dans l'impossibilité d'exercer son action

(1) V. Cass., 24 août 1882 (S. 84-1-352) ; 4 déc. 1885 (S. 86-1-140);
16 avril 1880 (S. 81-1-137).

car le temps n'en fait pas moins son œuvre en effaçant le souvenir de l'infraction (1).

La plupart des jurisconsultes distinguent cependant entre les empêchements de fait, tels que les guerres, les troubles, les invasions, et les empêchements de droit lorsque l'impossibilité d'agir provient de la loi elle-même. Les troubles de fait ne suspendraient nullement la prescription ; mais si la loi a prescrit, soit dans le cours de l'instruction, soit même préalablement à cette instruction, l'accomplissement de certaines formalités, l'appréciation de certains faits qui sont une des conditions essentielles de la poursuite, le cours de la prescription serait arrêté tant que l'obstacle ne serait pas levé, conformément à la règle : « *contra non valentem agere non currit præscriptio* ».

Toutes les fois, dit on, que l'exercice de l'action est soumis à certaines conditions, à certaines formalités essentielles, n'est-il pas naturel que la prescription sommeille tant qu'elles n'ont pas été accomplies ? La force des choses crée, dans ce cas, une exception qu'il faut admettre quoiqu'elle ne soit pas écrite expressément dans le Code.

Ne serait-il pas absurde, dit-on encore, que la loi suspendit l'exercice de l'action en la subordonnant à l'accomplissement de certaines formalités, et la frappât, en même temps, de prescription parce qu'elle n'aurait pas été exercée (2) ?

Du reste, l'art. 3 C. inst. crim. ne vient-il pas corroborer cette opinion lorsqu'il déclare que si l'action civile est poursuivie séparément de l'action publique « l'exercice en est sus-

(1) V. Ortolan, t. 2, n° 187 et s. ; — Garraud, t. 2, n° 66 ; — Haus, t. 2, n° 1358 ; — Normand, n° 929 ; — Laborde, n° 892.
(2) Le Sellyer, t. 2, n° 517 et s. ; — Villey, p. 246.

pendu, tant qu'il n'a pas été prononcé définitivement sur l'action publique intentée avant ou pendant la poursuite de l'action civile ».

En face d'un texte aussi clair, comment prétendre que la prescription puisse courir pendant ce sursis légal ?

Mais il nous semble qu'on fait dire à ce texte autre chose que ce qu'il dit. L'art. 3 consacre la règle que le criminel tient le civil en état, et ordonne à la juridiction civile de surseoir au jugement de l'action privée dès qu'elle apprend que l'action publique est intentée, mais ce texte n'indique pas que la prescription est alors suspendue.

Ce qu'il est vrai de dire, c'est que la prescription de l'action civile aura été interrompue par le jugement de l'action publique. Si la juridiction répressive prononce un jugement de condamnation, ce jugement aura pour effet d'interrompre la prescription de l'action civile qui recommence à courir à partir de ce moment; s'il a été prononcé un jugement d'acquittement, cette décision aura pour effet de donner à l'action civile une durée de trente années.

Parmi les causes de suspension provenant de la volonté de la loi, on place, en second lieu, les questions préjudicielles, c'est-à-dire les exceptions qui suspendent la poursuite ou le jugement d'une infraction jusqu'à vérification préalable d'un fait antérieur dont l'appréciation est une condition indispensable de cette poursuite ou de ce jugement. Il y a donc deux espèces de questions préjudicielles : les unes préjudicielles à l'action, les autres préjudicielles au jugement. Les auteurs, qui admettent le principe de la suspension, en matière criminelle, reconnaissent que, seules, les questions préjudicielles au jugement ont pour effet de suspendre la prescription; dans le premier cas, en effet, l'action n'est pas née et n'a pas pu, par conséquent, donner naissance à la prescription.

Lorsque le prévenu soulèverait une question préjudicielle de propriété, par exemple, devant la juridiction repressive, la prescription de l'action serait suspendue.

Nous pensons que le jugement, par lequel la juridiction criminelle surseoirait à statuer, aurait pour effet, non de suspendre la prescription, mais de l'interrompre (1).

Nous adoptons la même décision pour le cas où l'appréciation du fait délictueux dépendrait de l'interprétation d'un acte administratif; le sursis et le renvoi devant l'autorité administrative seraient interruptifs de la prescription sauf en matière contraventionnelle, où l'interruption n'est pas admise, et où un jugement définitif devra intervenir dans un bref délai.

La suspension n'existerait pas non plus, à notre avis, s'il s'agissait d'exercer des poursuites contre un membre du Parlement, pendant le temps nécessaire pour obtenir l'autorisation préalable du Sénat ou de la Chambre (2) (art. 14 de la loi du 16 juillet 1875).

Remarquons, à ce sujet, que M. Faustin Hélie (t. 3 p. 719) ne reconnaissait, du reste, qu'un caractère interruptif aux demandes en autorisation de poursuivre les agents du gouvernement pour des faits relatifs à leurs fonctions, conformément à l'art. 75 de la constitution du 22 frimaire an VIII, qui a été abrogé par le décret du 19 septembre 1870.

Ajoutons que la jurisprudence actuelle ne fait aucune

(1) V. Paris, 11 décembre 1885 (D. 86 2-112).

(2) V. *Contra* : Cour d'assises de la Seine, 30 octobre 1882 (S. 85-2-16).

différence entre les obstacles de fait et les empêchements de droit ; dans les deux cas, elle admet la suspension de la prescription, appliquant ainsi, d'une façon générale, la maxime : *Contra non valentem agere, non currit præscriptio.*

C'est ainsi qu'il a été jugé le 13 juin 1871 (1), par le Tribunal de Lunévile et le 9 décembre de la même année par la Cour de cassation (2) « que la prescription est suspendue « par des événements de guerre et une invasion étrangère, « avec cette réserve, toutefois, que l'occupation par des « troupes ennemies ne suffit pas et qu'il doit être établi en « fait, ce qui seulement peut justifier la maxime : *Contra non* « *valentem...* que le cours de la justice a été rendu impos- « sible. »

On peut objecter à cette jurisprudence un passage de Merlin (3) déclarant qu'il ne faut pas mettre au nombre des causes de suspension la guerre et les troubles qui agitent l'Etat et que, lorsqu'il intervient, au retour de la paix, un édit qui compte pour rien, en fait de prescription, tout le temps qu'ont duré les hostilités, on ne comprend pas les actions criminelles dans cette disposition.

Il est évident, en effet, que l'état de guerre n'empêche pas la partie intéressée et le ministère public de faire certains actes interruptifs qui assurent la conservation du droit (4).

Nous trouvons également un argument fortifiant l'opinion que nous adoptons dans le décret du 14 février 1871 portant

(1) D. (71-2-92).

(2) Cass., 9 décembre 1871 (D. 71-2-358).

(3) Merlin, rép. V. Prescription, p. 868.

(4) V. F. Hélie, t. 3, p. 717 : — Le Sellyer, t. 2, n°s 577 et 518 ; — Sourdat, t. 1, n° 405 *bis.*

que le délai de la prescription pour les délits forestiers, dommages aux champs et actes de pillage, ne commencera à courir qu'après l'évacuation du territoire par l'armée allemande.

Si la force majeure résultant des circonstances auxquelles se réfère ce décret eût constitué, d'après le droit commun, un cas de suspension, il n'aurait pas été nécessaire d'édicter une disposition spéciale à ce sujet.

Du reste, il est bon de rappeler que la jurisprudence n'a pas toujours nettement établi la différence existant entre l'interruption et la suspension de la prescription ; la plupart même des arrêts, qui ont fait la distinction, ont employé des termes équivoques, trahissant ainsi l'absence de textes législatifs venant régler cette question.

Nous conclurons en disant que la règle « *contra non valentem* » ne doit recevoir aucune application en matière criminelle (1). La faculté d'interrompre la prescription en matière de crimes et de délits, a, sans doute, paru suffisante au législateur et c'est probablement pour ce motif qu'aucune disposition de loi ne suppose que la prescription puisse être suspendue.

(1) V. Faustin Hélie, *Revue critique 1858* (t. 13, p. 512 et s.).

APPENDICE

Du changement de Législation

Nous avons supposé, jusqu'à présent, que l'infraction, ayant donné naissance à l'action civile, avait été commise et poursuivie sous l'empire d'une loi unique qui, seule, pouvait être appliquée.

Mais il peut arriver que des poursuites ne soient commencées que sous l'empire d'une législation nouvelle qui modifie celle qui l'a précédée, en abrégeant ou en augmentant le délai de la prescription. Il reste à examiner laquelle de ces lois successives doit être appliquée à l'action civile.

Il est un principe certain, en matière pénale comme en matière civile (art. 4. C. pén. et art. 2 C. C.) c'est que la loi n'a pas d'effet rétroactif. Cependant, par exception, et dans l'intérêt des prévenus, il est admis que la nouvelle loi pénale est rétroactive lorsqu'elle est moins sévère que la loi ancienne.

Toutefois, la règle qui veut que, dans le concours de deux prescriptions, le prévenu puisse exciper de celle qui lui est le plus favorable n'a pas toujours été admise par la jurisprudence.

C'est ainsi que la Cour de cassation avait d'abord décidé (1) qu'il fallait tenir compte du temps écoulé sous chacune des deux lois et faire une espèce de règle de proportion pour s'assurer si la prescription, commencée sous la loi ancienne, s'était

(1) Cass. 29 avril 1808 (*Bull. crim.* 89) ; 18 août 1808 (Bull. 172).

complétée sous l'empire de la loi nouvelle ; s'était-il écoulé, par exemple, sous la loi ancienne, la moitié du temps qu'elle exigeait pour la libération, la prescription se complétait par la moitié du temps requis par la loi nouvelle.

Ce système, imaginé par Merlin, constituait une sorte de transaction entre le système qui soumettait toujours la prescription à la loi ancienne, en argumentant de l'art. 2281 C. C. et l'opinion qui voulait que la loi nouvelle fût toujours appliquée. Mais ce calcul de délai n'était prévu par aucun texte et se trouvait en opposition avec les vrais principes.

Aussi la Cour de cassation modifia-t-elle brusquement sa jurisprudence après la promulgation du décret du 23 juillet 1810, relatif à la publication des Codes criminels. « Si la nature de la peine prononcée par le nouveau Code pénal était moins forte que celle prononcée par le Code actuel, les Cours et tribunaux appliqueront les peines du nouveau Code. »

Elle décide alors, par arrêt du 18 juin 1812 (1), que les prescriptions commencées sous l'empire de la loi ancienne sont réglées par le nouveau Code pénal, si le délai fixé par le Code est plus court que celui déterminé par le droit ancien, en un mot, que la prescription d'un délit, commis sous l'empire des lois antérieures au Code pénal et jugé depuis leur abrogation, se règle par celle des deux qui se trouve le plus favorable à l'auteur de l'infraction (2). Merlin s'est rallié lui-même à cette doctrine en reconnaissant l'erreur dans laquelle il était tombé.

(1) Merlin, Rép. Vo Prescription p. 701 ; V. 30 juillet 1812 (*Bull.* 176) ; 21 août 1817 (*Bull.* 76).

(2) V. Legraverend, t. 1, p. 82 ; — Rauter, no 852 ; — Boitard, no 30 ; — Trébutien, t. 1, p. 86.

Si la loi nouvelle régit l'action publique, nous dirons qu'elle doit nécessairement régir l'action civile. L'art. 637 C. inst. crim., sainement interprêté, ne permet plus à la partie lésée d'exercer son action alors que l'action publique est prescrite (1).

On objecte que la partie lésée va éprouver ainsi un grave préjudice puisqu'elle perdra, par la promulgation de la loi nouvelle, une action qu'elle avait le droit de regarder comme lui appartenant encore (2).

Sans doute, cette conséquence pourra se produire, mais ce n'est pas une raison pour faire survivre arbitrairement l'action civile à l'action publique et violer ainsi, de la façon la plus évidente, les dispositions des articles 637 et s. C. inst. crim.

D'ailleurs, dit M. Villey (3), si la partie lésée n'a pas agi dans le délai que fixe la loi nouvelle, c'est apparemment ou qu'elle ne connaissait pas l'auteur, ou qu'elle n'avait pas de preuves, en sorte que le préjudice qu'elle éprouve provient moins de la promulgation de la loi nouvelle que du délai fixé par cette loi ; mais ce délai, c'est désormais la loi commune, et si la loi est mauvaise pour elle, elle sera mauvaise pour tous.

---

(1) Villey, *Revue critique* 1875, p. 85 et préc. p. 252 ; — Normand, n° 933.
(2) V. Le Sellyer, t. 2, n° 631.
(3) *Revue critique* 1875, p. 85 et s.

Vu et approuvé :
Le président de la thèse,
NORMAND.

Vu : *Le Doyen,*
LE COURTOIS.

Vu et permis d'imprimer :
Poitiers, le 25 avril 1898
Le Recteur,
H. CON

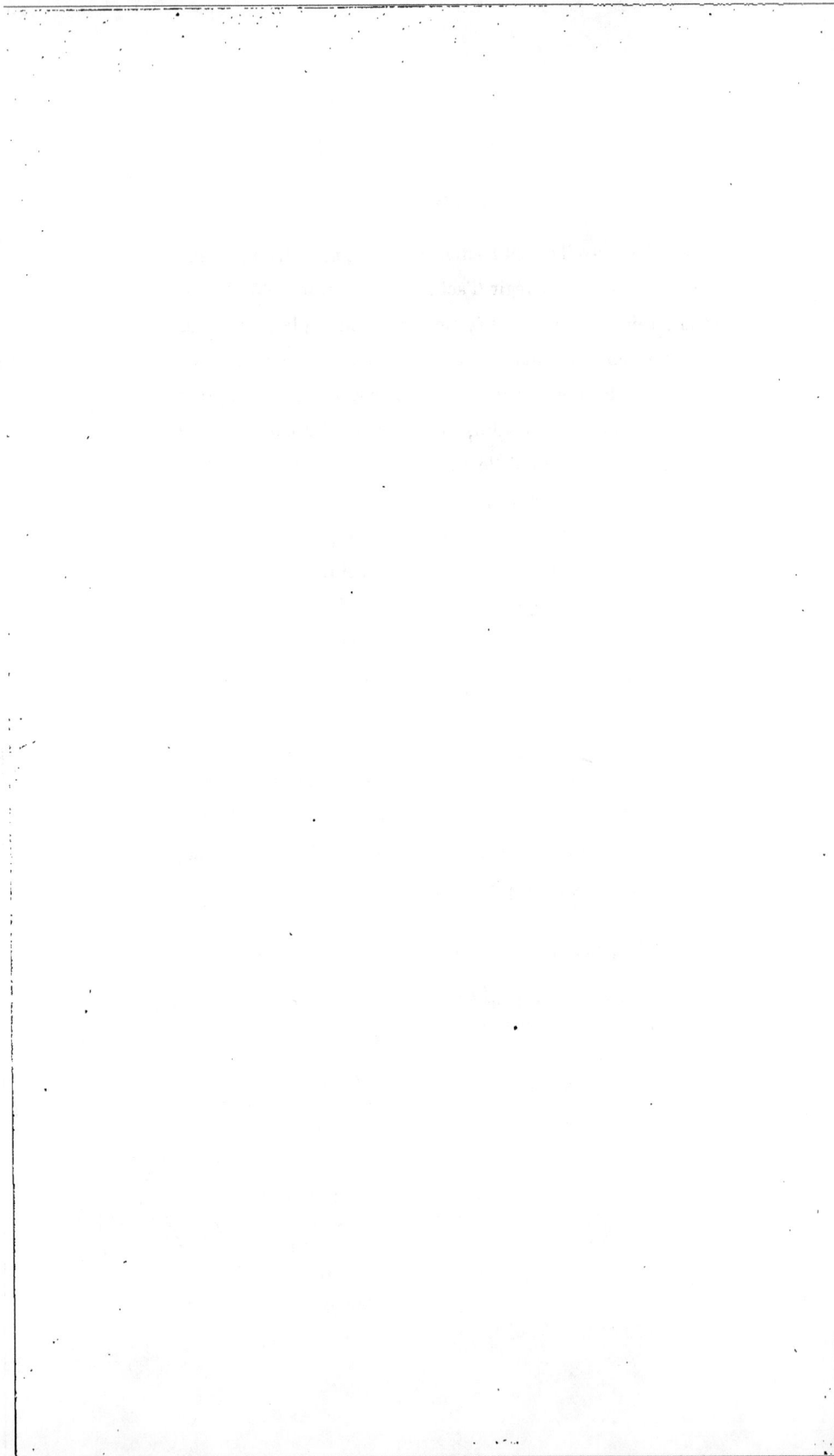

TABLE DES MATIÈRES

APPENDICE

LIMOGES. — IMP. COMMERCIALE — PERRETTE.

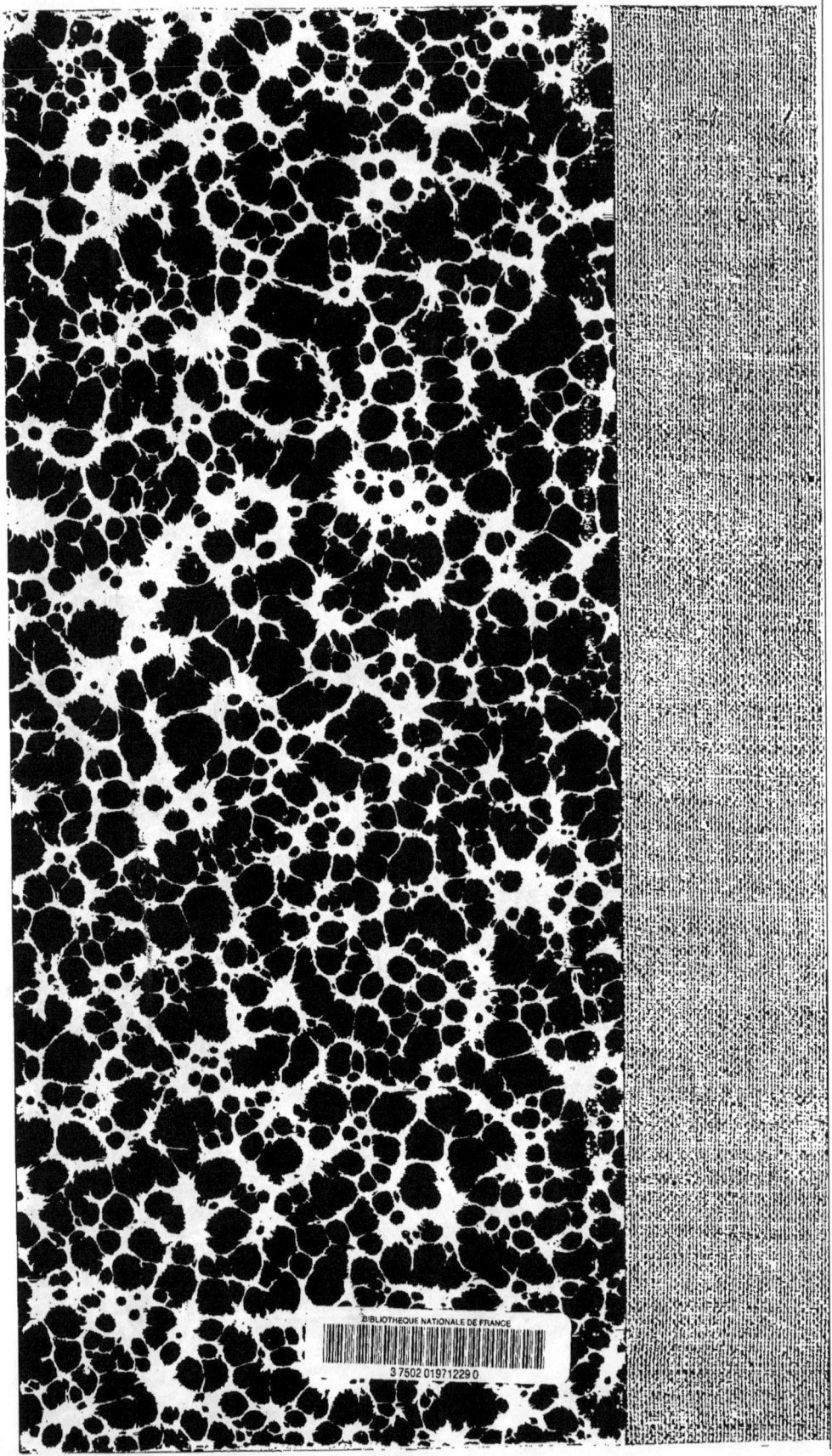